LAS AGUAS MINERALES: PROPUESTA DE REVISIÓN DEL RÉGIMEN JURÍDICO APLICABLE Y DE LOS INSTRUMENTOS JURÍDICOS PARA SU PROTECCIÓN

Publicacions de la Universitat Rovira i Virgili

Av. Catalunya, 35 - 43002 Tarragona

Tel. 977 558 474 · publicacions@urv.cat

www.publicacions.urv.cat

1ª. edición: septiembre de 2025

ISBN (papel): 978-84-1365-237-5

ISBN (PDF): 978-84-1365-238-2

DOI: 10.17345/9788413652375

Depósito legal: T 889-2025

 Cita el libro.

 Consulta el libro en nuestra web.

Publicacions de la Universitat Rovira i Virgili es miembro de la Unión de Editoriales
Universitarias Españolas y de la Xarxa Vives, lo que garantiza la difusión
y comercialización de sus publicaciones a nivel nacional e internacional.

LAS AGUAS MINERALES: PROPUESTA DE REVISIÓN DEL RÉGIMEN JURÍDICO APLICABLE Y DE LOS INSTRUMENTOS JURÍDICOS PARA SU PROTECCIÓN

Alicia Ávila Goas

Tarragona, 2025

Contenidos

Abreviaturas

AECOSAN	Agencia Española de Consumo, Seguridad Alimentaria y Nutrición
ANEABE	Asociación Aguas Minerales de España
Art.	Artículo
Arts.	Artículos
BOE	*Boletín Oficial del Estado*
CC	Código Civil
CE	Constitución española de 1978
Directiva 80/777	Directiva 80/777/CEE del Consejo, de 15 de julio de 1980, relativa a la aproximación de las legislaciones de los Estados Miembros sobre explotación y comercialización de las aguas minerales naturales
Directiva Marco de Aguas	Directiva 2000/60/CE del Parlamento Europeo y del Consejo, de 23 de octubre de 2000, por la que se establece un marco comunitario de actuación en el ámbito de la política de aguas
DUE	*Diario Oficial de la Unión Europea*
Estatuto de 1928	Real Decreto Ley, de 25 de abril, por el que se aprueba el Estatuto sobre la explotación de manantiales de aguas minero-medicinales de 1928
FAO	Organización de las Naciones Unidas para la Agricultura y la Alimentación
IGME	Instituto Geológico y Minero de España
LEC	Ley 1/2000, de 7 de enero, de Enjuiciamiento Civil

LMi	Ley 22/1973, de 21 de julio, de Minas
MITECO	Ministerio para la Transición Ecológica y el Reto Demográfico
OCU	Organización de Consumidores y Usuarios
OMS	Organización Mundial de la Salud
RD 1074/2002	Real Decreto 1074/2002, de 18 de octubre, por el que se regula el proceso de elaboración, circulación y comercio de las aguas de bebida envasadas
RD 1164/1991	Real Decreto 1164/1991, de 22 de julio, por el que se aprueba la Reglamentación Técnico-Sanitaria para la elaboración, circulación y comercio de las aguas de bebida envasadas
RD 1798/2010	Real Decreto 1798/2010, de 30 de diciembre, por el que se regula la explotación y comercialización de aguas minerales naturales y aguas de manantial envasadas para consumo humano
RD 975/2009	Real Decreto 975/2009, de 12 de junio, sobre gestión de los residuos de las industrias extractivas y de protección y rehabilitación del espacio afectado por actividades mineras
RDPH	Real Decreto 849/1986, de 11 de abril, por el que se aprueba el Reglamento del Dominio Público Hidráulico
RMi	Real Decreto 2857/1978, de 25 de agosto, por el que se aprueba el Reglamento General para el Régimen de la Minería
STC	Sentencia del Tribunal Constitucional
STS	Sentencia del Tribunal Supremo
STSJ	Sentencia del Tribunal Superior de Justicia
TFM	Trabajo de Fin de Máster
TRLA	Real Decreto Legislativo 1/2001, de 20 de julio, por el que se aprueba el texto refundido de la Ley de Aguas

Agradecimientos

No puedo dar comienzo a este trabajo sin expresar mi más sincera gratitud a la directora de este, la Dra. Lucía Casado Casado. Gracias por la inestimable ayuda, el compromiso dedicado y la confianza transmitida; han sido un apoyo y un estímulo constantes durante todos estos meses.

También quisiera dar las gracias de un modo especial a Ana López, quien tutorizó mis prácticas del Máster y me sugirió la temática del trabajo. Su vocación por el derecho público y el esfuerzo diario que dedica a su profesión constituyen un gran ejemplo y son fuente de inspiración para mí.

Gracias también a mis amigos y a mis compañeros de trabajo por su preocupación y apoyo diarios en esta etapa, tan bonita y retadora al mismo tiempo, como lo es el inicio de la vida laboral.

Y, por último, aunque cualquier agradecimiento a ellos siempre será insuficiente, gracias a mis padres: todo lo que logre es gracias a vosotros.

Introducción

Las aguas minerales son la bebida más consumida en el hogar de los españoles y la segunda bebida fría más consumida en el ámbito extradoméstico,[1] a lo que hay que sumar el creciente uso de estas aguas en forma de baños en los establecimientos balnearios.[2] Ello se debe a los ampliamente conocidos beneficios que el uso y consumo de aguas minerales pueden producir sobre el organismo, los cuales, como su propio nombre indica, obedecen al alto contenido en minerales que presentan estas aguas. Menos conocido es, quizás, que la causa de la especial composición de las aguas minerales es su origen subterráneo y, en particular, las características de las zonas del subsuelo que estas aguas atraviesan antes de alumbrar a la superficie.

La procedencia subterránea de las aguas minerales no es, sin embargo, garantía suficiente del mantenimiento de sus características especiales, así como tampoco de la continuidad de los aprovechamientos de estas aguas. Y es que las aguas minerales no están desconectadas de las actividades que se desarrollan en la superficie, las cuales pueden tener grandes impactos en el subsuelo, poniendo las aguas en una situación de especial vulnerabilidad —en términos tanto cuantitativos como cualitativos— que reviste aún mayor gravedad si se tiene en consideración el potencial uso de estas aguas con fines

---

1   *Vid.*   <https://aneabe.com/actualidad/las-aguas-minerales-la-bebida-mas-consumida-dentro-del-hogar-en-2020/> [última consulta: 13 de agosto de 2024]. Según los datos publicados por ANEABE, el agua mineral es la bebida más consumida por los españoles, con un consumo per cápita de 133 litros anuales, y representa el 46,5 % de los litros consumidos del segmento de bebidas. En términos de producción, España es el cuarto país de la Unión Europea que más agua mineral produce, habiendo envasado 6.442 millones de litros en 2023. El sector aporta 1.532 millones de euros anuales a la economía española y genera alrededor de 30.000 empleos directos e indirectos, la mayor parte de ellos en zonas rurales, logrando impulsar su desarrollo socioeconómico: <https://aneabe.com/agua-mineral/> [última consulta: 13 de agosto de 2024].

2   Según los datos proporcionados por el IGME, actualmente existen en España hasta 103 balnearios de aguas minerales y termales en activo. Los agüistas —personas que visitan un establecimiento de aguas mineromedicinales con fines curativos— han pasado de los 563.923 en 2002 a los 884.390 en 2022, habiéndose recuperado parcialmente las cifras prepandemia, que en 2017 habían logrado ascender hasta los 998.045: <https://aguasmineralesytermales.igme.es/datos-estadisticos> [última consulta: 13 de agosto de 2024].

de consumo. Confluyen, por tanto, dos de las grandes preocupaciones de la sociedad y que despiertan el interés por las aguas minerales: el deterioro del medio ambiente y de los recursos naturales que lo conforman, por un lado, y el cuidado de la salud a través del consumo de productos naturales, sostenibles y de calidad, por otro.[3]

Desde el ámbito jurídico, el interés de las aguas minerales no es menor. La escasez de bibliografía jurídica sobre esta materia específica contrasta con la necesidad de estudio que merece el régimen aplicable a las aguas minerales, no siendo pocos ni sencillos los problemas jurídicos que suscita. La naturaleza híbrida —hídrica y mineral— de las aguas minerales, que despertó el temprano interés por su uso, es, al mismo tiempo, la causa de que, desde las primeras regulaciones y por mera inercia histórica, la ordenación de estas se haya situado en un terreno fronterizo entre el derecho de aguas y el derecho de minas.[4] Nos encontramos ante un régimen jurídico peculiar y singularizado respecto de la ordenación de los demás recursos hídricos, resultando su estudio de gran interés no tanto por el señalamiento de las particularidades que presenta, sino porque permite poner de manifiesto sus carencias y los problemas que la escisión de las aguas minerales del régimen jurídico aplicable con carácter general a las aguas supone tanto desde el punto de vista competencial como de la protección adecuada de estos recursos y del dominio hidráulico en su conjunto.

La finalidad de este trabajo consiste en el estudio y la revisión crítica del régimen jurídico aplicable a las aguas minerales y de los instrumentos que el ordenamiento jurídico pone a disposición de estas aguas para protegerlas. El marco normativo aplicable a las aguas minerales es deficiente e incongruente en algunos aspectos, y es necesario señalar sus puntos débiles si se quiere dar respuesta a las principales problemáticas que en él se pueden detectar. Para alcanzar este objetivo es necesario comenzar por una correcta delimitación de la normativa aplicable a nivel de la Unión Europea, del Estado y de las comunidades autónomas que han dictado disposiciones específicas en la materia, y emprender su estudio conjugando su interpretación jurisprudencial y doctrinal

---

3   Hay que destacar, en todo caso, el papel del sector de aguas minerales en materia de sostenibilidad, que busca ofrecer un producto saludable y respetuoso con el medio ambiente. Como refleja la V Memoria de Sostenibilidad del sector de aguas minerales, «Naturalmente comprometidos», publicada por ANEABE, este sector tiene, como una de sus máximas prioridades, un firme compromiso con la protección del agua y la naturaleza, habiendo invertido más de un millón de euros en 2022 en acciones para proteger la biodiversidad y los ecosistemas próximos a los manantiales. Otro eje fundamental en la sostenibilidad del sector de aguas minerales es el impulso de la circularidad de los envases, siendo pionero en la incorporación de materiales reciclados y en la implementación de medidas de ecodiseño. También hay que destacar las acciones del sector en la lucha contra el cambio climático, priorizando el uso de energías renovables y la mejora de la gestión de los residuos industriales. Por último, el sector de aguas minerales ejerce una gran labor en el desarrollo socioeconómico de las zonas con escaso tejido industrial en las que suelen ubicarse las empresas envasadoras, generando más de 30.000 puestos de trabajo directos e indirectos y habiendo invertido más de un millón de euros en programas de acción social en 2022. Disponible en: <https://aneabe.com/wp-content/uploads/2023/11/Memoria-Sostenibilidad-Aneabe-2022.pdf> [última consulta: 13 de agosto de 2024].

4   Tal como señala Antonio Fanlo Loras en su prólogo (Barriobero Martínez, 2009, págs. 7-11).

con el conocimiento científico avanzado por la hidrogeoquímica, ciencia encargada del estudio de las aguas minerales.

Este trabajo, cuyo apartado introductorio busca presentar el contexto y el objeto de estudio al lector, se ha estructurado en cuatro capítulos, a los que sigue un apartado final de conclusiones. El primer capítulo pretende llevar a cabo una primera aproximación al régimen jurídico de las aguas minerales. Para ello, se parte de la caracterización y clasificación de las aguas minerales, continuando con el estudio de la definición que el ordenamiento jurídico ofrece de estas, para finalizar con el análisis del régimen de titularidad, en absoluto exento de polémica, que rige estas aguas.

Después de esta aproximación general a las aguas minerales y avanzadas unas primeras consideraciones jurídicas sobre estas, se da paso al segundo capítulo, en el que se delimita el marco competencial y normativo aplicable a las aguas minerales, y al que necesariamente acompaña el análisis de la evolución que, desde sus inicios y hasta la actualidad, ha experimentado la normativa dictada en la materia. Se trata de un capítulo fundamental del trabajo, puesto que, más allá de ser la base para el análisis jurídico de las concretas disposiciones e instrumentos jurídicos aplicables a estas aguas, evidencia el desacierto de la opción constitucional a la hora de separar las competencias sobre las aguas minerales —auténticos recursos hídricos— de las competencias sobre el resto de las aguas.

El tercer capítulo se dedica al estudio de los dos procedimientos que el marco legal previamente delimitado establece para poder iniciar la explotación de unas aguas minerales. Primero, analizaremos el procedimiento para que unas aguas se declaren oficialmente como minerales, paso previo e imprescindible para poder solicitar su aprovechamiento a la Administración competente, poniéndose de manifiesto desde un primer momento la obsolescencia de la normativa que regula estos dos procedimientos. A continuación, se abordará el procedimiento que, necesariamente, se debe iniciar para poder explotar unas aguas minerales, deteniéndonos especialmente en los problemas competenciales y para la adecuada gestión del conjunto de los recursos hídricos que la configuración de este procedimiento acarrea.

El cuarto y último capítulo ocupa también una posición central en el trabajo. En él se exponen y analizan los diferentes instrumentos que el ordenamiento jurídico pone a disposición de las aguas minerales con el propósito de protegerlas, cuya trascendencia, habida cuenta del valor y de la especial vulnerabilidad de estos recursos, radica en su contribución a la búsqueda de soluciones a las deficiencias de las que adolece el régimen jurídico que regula estas aguas. Comenzaremos introduciendo los principales riesgos a los que se encuentran expuestas las aguas minerales, siguiendo con el estudio de los diferentes mecanismos de protección que se aplican a las aguas minerales y dedicando una especial atención a la figura de los perímetros de protección. Finalmente, cerraremos este último capítulo abordando los mecanismos de control y vigilancia a los que se deben someter las explotaciones de aguas minerales.

El trabajo finaliza con un apartado conclusivo que sintetiza el contenido fundamental de este y agrupa los puntos más controvertidos que se han detectado a raíz del estudio realizado. Damos, así, respuesta a la finalidad última del trabajo: señalar las deficiencias del régimen jurídico aplicable a las aguas minerales y aquellos aspectos que, en nuestra opinión, deberían ser objeto de mejora; hacer una valoración crítica de los instrumentos jurídicos que velan por la protección de estas aguas; y, por último, realizar algunas propuestas que puedan contribuir a mejorar la situación de partida.

Se trata, por tanto, de un trabajo jurídico-descriptivo a la vez que jurídico-propositivo, para cuya realización se han empleado los métodos exegético, dogmático, analítico y empírico sobre la base de la normativa aplicable y diversas fuentes jurisprudenciales, bibliográficas y científicas, obtenidas de distintas bibliotecas y bases de datos, siendo la búsqueda de doctrina específica sobre la materia la mayor dificultad a la hora de realizar este trabajo. También se ha utilizado internet como herramienta de búsqueda de información, datos oficiales, resoluciones y artículos de libre acceso. La Universitat Rovira i Virgili, a través de su repositorio institucional y, en particular, de la formación procurada durante estos años por los docentes del Máster de Derecho Ambiental, ha sido fundamental en la elaboración de este trabajo.

Capítulo I. Aproximación general a las aguas minerales

Damos comienzo a este trabajo con un primer capítulo que busca aproximar al lector al régimen jurídico de las aguas minerales. El punto de partida, habida cuenta de que las singularidades del régimen que regula las aguas minerales responden a las características especiales de estas aguas, será el análisis de estos atributos, al que seguirá la clasificación de las aguas minerales en función del uso al que se destinen. A continuación, estudiaremos el concepto jurídico que ofrece la normativa para las diferentes categorías de aguas minerales, tratando también la polémica en torno a las denominadas aguas de manantial. Y, por último, cerraremos este capítulo inicial con el estudio del régimen de titularidad de las aguas minerales, una cuestión esencial para el análisis posterior del procedimiento para declarar unas aguas como minerales y autorizar su explotación y comercialización.

1. Las aguas minerales: características y clasificación

La denominación *agua mineral* hace referencia a un estándar de calidad que indica la aptitud del agua para determinados usos. Ello se debe a las características peculiares que presentan estos recursos, las cuales están estrechamente vinculadas a su origen subterráneo.

En efecto, todas las aguas minerales proceden de estratos o yacimientos subterráneos, resultando indiferente para que puedan ser consideradas como tales que alumbren a la superficie de manera natural, brotando de un manantial, o que sean extraídas artificialmente mediante el empleo de técnicas de captación.

La mayor parte de las aguas minerales provienen íntegramente de aguas superficiales que se infiltran en el subsuelo, siendo una minoría las aguas minerales que están conformadas por una mezcla de aguas infiltradas con las denominadas *aguas fósiles* o *juveniles* —aquellas que se liberan durante los procesos magmáticos y metamórficos que tienen lugar en las profundidades de la Tierra—. Por ello, hoy está generalmente admitido que las aguas minerales constituyen un subgrupo dentro de la categoría de las aguas subterráneas renovables (Baeza Rodríguez-Caro y Fernández Sánchez, 2000, pág. 249), con la excepción del menor porcentaje de aguas minerales que sí podrían considerarse aguas juveniles.[5]

Sin embargo, pese a que, como se dijo, las principales características de las aguas minerales derivan de su origen subterráneo, no es este el rasgo que las diferencia de las demás aguas, toda vez que este atributo lo comparten con otras aguas, como son las *aguas termales* y las *aguas de manantial*.[6]

Por lo que aquí interesa, las características que definen unas aguas como minerales y que permiten diferenciarlas del resto de aguas «comunes» son las tres siguientes:

1. Composición química: las aguas minerales se caracterizan, en primer lugar, por presentar un residuo seco muy elevado o concentraciones muy altas de algunas sustancias químicas en disolución, que las han ido enriqueciendo conforme atraviesan el suelo. Estos componentes pueden ser muy variados, dando lugar a aguas minerales de diferente composición y dureza, pudiendo también encontrarse en ellas gases libres o disueltos.[7] Además, debido a

---

5   Adviértase que la clasificación de las aguas minerales como subterráneas renovables o como juveniles, en función de su procedencia, puede ser un factor determinante a la hora de establecer la titularidad pública o privada de estas aguas. *Vid.* apartado 3 de este capítulo, en el que se aborda la polémica cuestión sobre la titularidad de las aguas minerales.

6   *Vid.* apartados 2.1 y 2.2 de este capítulo, en los que se explican las diferencias de las aguas minerales con respecto a las aguas termales y las aguas de manantial, respectivamente.

7   En este sentido, la normativa aplicable a las aguas minerales cuando estas se comercializan como agua de bebida envasada permite el uso de las siguientes denominaciones de venta, establecidas en función de sus aniones y cationes predominantes, así como de sus posibles efectos (anexo III del RD 1798/2010):
    1. De mineralización muy débil: hasta 50 mg/l de residuo seco.
    2. Oligometálicas o de mineralización débil: hasta 500 mg/l de residuo seco.
    3. De mineralización media: desde 500 mg/l hasta 1.500 mg/l de residuo seco.
    4. De mineralización fuerte: más de 1.500 mg/l de residuo seco.
    5. Bicarbonatada: más de 600 mg/l de bicarbonato.
    6. Sulfatada: más de 200 mg/l de sulfatos.
    7. Clorurada: más de 200 mg/l de cloruro.
    8. Cálcica, o que contiene calcio: más de 150 mg/l de calcio.
    9. Magnésica, o que contiene magnesio: más de 50 mg/l de magnesio.
    10. Fluorada, o que contiene flúor: más de 1 mg/l de flúor.
    11. Ferruginosa, o que contiene hierro: más de 1 mg/l de hierro bivalente.
    12. Acidulada: más de 250 mg/l de CO_2 libre.
    13. Sódica: más de 200 mg/l de sodio.
    14. Indicada para la preparación de alimentos infantiles.
    15. Indicada para dietas pobres en sodio: hasta 20 mg/l de sodio.
    16. Puede tener efectos laxantes.
    17. Puede ser diurética.

su composición, estas aguas pueden producir determinados efectos beneficiosos para el organismo, si bien no está reconocida su capacidad curativa.[8]

2. Pureza original: en segundo lugar, las aguas minerales son aguas puras debido a que su origen subterráneo las ha protegido de forma natural de todo
riesgo de contaminación exterior de procedencia no subterránea.

3. Constancia: el tercer y último atributo de las aguas minerales consiste en
que su composición química, temperatura y demás características esenciales se deben mantener constantes, no pudiendo verse afectadas por las
fluctuaciones del caudal del manantial ni por cualquier otra variación que
no obedezca a la evolución normal del agua.

De estas características se puede extraer el contexto geológico en el que se deben
encontrar unas aguas subterráneas para poder considerarse minerales. Así, algunos
factores que pueden favorecer la mineralización son un tiempo elevado de residencia
dentro del subsuelo, la profundidad del acuífero y las características estructurales, litológicas y biológicas de las zonas que atraviesan, que pueden incidir en la solubilidad
de algunos minerales. Esto, en la práctica, excluye como potenciales fuentes de agua
mineral aquellos acuíferos de pequeña extensión y de escasa verticalidad, así como,
en general, los que son muy vulnerables a la contaminación y de difícil protección. No
obstante, debe advertirse ya que la aptitud del acuífero del que proceden las aguas minerales no es garantía suficiente de la permanencia de sus características naturales, toda
vez que estas pueden verse alteradas por la acción del ser humano, lo que hace necesaria la adopción de medidas de protección para evitar su deterioro[9] (Baeza Rodríguez-
Caro y Fernández Sánchez, 2000, págs. 249-250).

Retomando lo apuntado al inicio del apartado, son estas características peculiares de las aguas minerales las que las convierten en idóneas para determinados usos,
siendo este el criterio seguido por la normativa para clasificar estas aguas.[10] Así, hablaremos de *aguas minero-industriales* cuando sean susceptibles de ser aprovechadas con
fines industriales o mineralúrgicos, ya sea mediante la separación de sus componentes

---

8   Adviértase que, en todo caso, las declaraciones relacionadas con las propiedades beneficiosas para la salud de las
aguas minerales, cuando estas se comercialicen como agua de bebida envasada, están sujetas a lo dispuesto en el
Reglamento (CE) 1924/2006 del Parlamento Europeo y del Consejo, de 20 de diciembre de 2006, relativo a las
declaraciones nutricionales y de propiedades saludables en los alimentos, y en el Reglamento (UE) 432/2012 de
la Comisión, de 16 de mayo de 2012, por el que se establece una lista de declaraciones autorizadas de propiedades
saludables de los alimentos distintas de las relativas a la reducción del riesgo de enfermedad y al desarrollo y la
salud de los niños. Por lo tanto, la posibilidad de efectuar declaraciones relativas a los efectos saludables de estas
aguas dependerá de que se alcancen los niveles de contenido en minerales establecidos, y está limitada, en todo
caso, a aquellas declaraciones previamente autorizadas por la Comisión Europea para cada sustancia concreta en
relación con la que se declara el efecto beneficioso para la salud.

9   *Vid.* capítulo IV, donde se analizan los mecanismos que la normativa establece para la protección de las aguas
minerales.

10   *Vid.* apartado 2 de este capítulo, en el que se profundiza en el concepto y la clasificación que ofrece la normativa
aplicable a las aguas minerales.

o su aplicación directa en la preparación de sales, gases u otros productos. Sin embargo, el principal destino de las aguas minerales, habida cuenta de sus posibles beneficios para la salud, es el consumo humano, bien como agua de bebida embotellada o bien en aplicaciones terapéuticas en forma de baños; entonces, nos referiremos a ellas como *aguas minero-medicinales*.

Concretamente, en la actualidad la mayoría de las aguas minerales se comercializan como agua de bebida envasada, en cuyo caso reciben la denominación de *agua mineral natural*.[11] De esta forma, las aguas minerales naturales se posicionan en el mercado de las aguas de bebida envasadas —aguas preparadas, aguas de consumo público envasadas, aguas de manantial y aguas minerales naturales— con un estándar de calidad superior que las diferencia del resto de aguas de bebida «ordinarias»[12] y restringe enormemente las manipulaciones que se pueden llevar a cabo sobre ellas.[13]

Por último, y en relación con lo que se acaba de señalar, debe descartarse ya de inicio que las mencionadas aguas de manantial puedan considerarse como una subcategoría dentro de las aguas minerales naturales. No se trata, en ningún caso, de una cuestión sencilla, toda vez que el origen subterráneo, las características especiales de pureza y el uso como agua de bebida que comparten unas y otras aguas ha llevado al legislador a regularlas conjuntamente y de forma separada de las demás aguas de bebida envasadas.[14]

2. El concepto jurídico de las aguas minerales

Como punto de partida, debe advertirse que el marco normativo aplicable a las aguas minerales, en un sentido amplio, no tiene un carácter homogéneo. Por el contrario, está compuesto por normas dictadas al amparo de títulos competenciales de muy diversa naturaleza, habida cuenta de las características especiales

---

11   Art. 2 del RD 1798/2010.

12   En este sentido, una encuesta reciente de la OCU revela que el 41 % de los españoles bebe habitualmente en casa agua mineral envasada, siendo el principal motivo para hacerlo el mal sabor del agua del grifo: <https://www.ocu.org/organizacion/prensa/notas-de-prensa/2024/aguamineral220524> [última consulta: 13 de agosto de 2024]. Para profundizar en las causas del mayor consumo de aguas envasadas frente al de agua de grifo u otras alternativas —jarras filtrantes, filtros domésticos o dispensadores de agua—, sus consecuencias ambientales, económicas y sobre la salud, y los mecanismos jurídicos para la sostenibilidad del sector, *vid.* Pérez Sancho, Jorge (2023). *El conflicto entre el consumo de agua embotellada y la conservación del medio ambiente*. Trabajo de Fin de Máster, Universitat Rovira i Virgili (URV), Tarragona.

13   No obstante, la posibilidad de eliminar, total o parcialmente, incorporar y reincorporar anhídrido carbónico permite diferenciar cinco subcategorías (art. 9 del RD 1798/2010):
    1. Agua mineral natural naturalmente gaseosa o agua mineral natural carbónica natural.
    2. Agua mineral natural reforzada con gas del mismo manantial.
    3. Agua mineral natural con gas carbónico añadido.
    4. Agua mineral natural totalmente desgasificada.
    5. Agua mineral natural parcialmente desgasificada.

14   *Vid.* apartado 2.3 de este capítulo, en el que se explica en mayor detalle esta cuestión.

de estas aguas y de las posibilidades que, en consecuencia, ofrecen en cuanto a su uso.[15]

Es por ello por lo que, para observar la definición de las aguas minerales que ofrece nuestro ordenamiento jurídico, debemos acudir a dos disposiciones de ámbitos muy distintos: por una parte, el concepto de las aguas minero-industriales y de las aguas minero-medicinales utilizadas con fines terapéuticos en balnearios lo encontramos en la legislación minera,[16] mientras que, por otra, en el caso de las aguas minero-medicinales que se comercializan como agua de bebida envasada, es decir, cuando estemos ante agua mineral natural, hay que acudir a la definición prevista en su reglamentación técnico-sanitaria.

A continuación, estudiaremos, separadamente, la definición que el ordenamiento jurídico proporciona para uno y otro tipo de aguas minerales, finalizando el apartado con el estudio de la polémica cuestión en torno a las aguas de manantial y su discutida incardinación dentro de la categoría de las aguas minerales.

Por último, y sin perjuicio del análisis posterior que se llevará a cabo sobre esta cuestión, hay que advertir, antes de dar comienzo al presente apartado, que en este trabajo se defiende la tesis de que es al legislador estatal a quien compete determinar lo que, a efectos jurídicos, debe entenderse por agua mineral, por cuanto dicha definición forma parte de la legislación básica que le corresponde fijar al Estado al amparo de los títulos competenciales que ostenta en esta materia.[17] Es por ello por lo que las definiciones que se analizan en este apartado son las recogidas en la normativa de aplicación a todo el territorio del Estado, sin entrar en cada una de las definiciones previstas en las regulaciones de aquellas comunidades autónomas que han hecho uso de sus competencias sobre las aguas minerales,[18] regulaciones que, en lo relativo al concepto y la clasificación de las aguas minerales, deben ajustarse a lo dispuesto en la normativa nacional, pues lo contrario supondría una extralimitación de la capacidad normativa del legislador autonómico.[19]

---

15 *Vid.* apartado 2 del capítulo II, dedicado al marco normativo de las aguas minerales.

16 Ello se debe a que, como se verá en mayor profundidad más adelante, las aguas minerales tienen la consideración de recursos mineros según la legislación minera vigente, lo que tiene importantes consecuencias sobre el marco competencial y normativo aplicable a estas aguas. *Vid.* apartado 2.1.1, en el que se analiza la evolución de la normativa aplicable a las aguas minerales desde las primeras regulaciones, lo que permite comprender su incardinación en el régimen jurídico de la minería.

17 *Vid.* apartado 1.2 del capítulo II.

18 *Vid.* apartados 1 y 2.1.2 del capítulo II, en los que se estudian las competencias de las comunidades autónomas sobre las aguas minerales y sus desarrollos normativos, respectivamente.

19 En este sentido, hay que decir que todas las definiciones ofrecidas por las comunidades autónomas son compatibles con el concepto de aguas minerales recogido por la legislación estatal, con la excepción de Castilla-La Mancha. *Vid.* apartado 2.3 de este capítulo y apartado 1.2 del capítulo II, donde se ven los problemas que plantea la normativa castellanomanchega.

2.1 El concepto jurídico de las aguas minero-industriales y de las aguas minero-medicinales utilizadas con fines terapéuticos en establecimientos balnearios

La vigente Ley 22/1973, de 21 de julio, de Minas, recoge las aguas minerales entre los recursos mineros de la sección B,[20] clasificándolas y definiéndolas en su artículo 23.1 de la siguiente manera:

A los efectos de la presente Ley, las aguas minerales se clasifican en:

a) Minero-medicinales: las alumbradas natural o artificialmente que por sus características y cualidades sean declaradas de utilidad pública.

b) Minero-industriales: las que permiten el aprovechamiento racional de las sustancias que contengan.

Ya su predecesora, la Ley de Minas de 19 de julio de 1944, había clasificado las aguas minerales en estos dos grupos, pero sin ofrecer una definición para la categoría de las aguas minero-medicinales, tal y como había ocurrido anteriormente con la Ley de Aguas de 13 de junio de 1879, con la diferencia de que esta norma —primera en clasificar las aguas minerales— se refería a las aguas minero-medicinales simplemente como aguas minerales. Hasta entonces, y desde la aprobación de las primeras disposiciones en la materia, ninguna norma se había encargado de definir y clasificar estas aguas y mucho menos de establecer los parámetros concretos que debían cumplir para ser consideradas como minerales.

La actual LMi sí definió las aguas minero-medicinales, pero lo hizo con poca precisión y en unos términos muy amplios, sin hacer matización alguna en cuanto a los posibles usos de estas aguas. Sin embargo, la existencia de una reglamentación técnico-sanitaria aplicable a las aguas minerales naturales, en la que se contiene una definición de estas, conlleva que el concepto de las aguas minero-medicinales previsto por la LMi haya quedado restringido solo a aquellas que se emplean con fines terapéuticos en establecimientos balnearios.[21]

---

20 Art. 3.1 de la LMi.

21 Apenas un año después de la aprobación de la LMi, entró en vigor el Código Alimentario de 1967, aprobado mediante el Decreto de 21 de septiembre de 1967. Esta norma fue la primera que introdujo requisitos relativos a la composición que deberían presentar unas aguas para considerarse minero-medicinales —o simplemente minerales, según la clasificación de estas aguas que estableció—. Además, definió las *aguas de mesa* como aquellas aguas minerales que se presentan para el consumo humano «en recipiente cerrado, rotulado y precintado». Más de una década después, el Código Alimentario de 1967 comenzará a convivir con el Real Decreto 2119/1981, de 24 de julio, por el que se aprueba la Reglamentación Técnico-Sanitaria para la elaboración, circulación y comercio de aguas de bebida envasadas, que definió las aguas minero-medicinales y las aguas minerales naturales, atribuyendo a ambas propiedades terapéuticas pero diferenciándolas por conservar las segundas solo estas propiedades en el área de emergencia (Barriobero Martínez, 2006, págs. 39-46). No obstante, esta situación de coexistencia de diferentes definiciones para estas aguas finalizará en 1991 con la derogación de estas dos normas por el Real Decreto 1164/1991, de 22 de julio, por el que se aprueba la Reglamentación Técnico-Sanitaria para la elaboración, circulación y comercio de aguas de bebida envasadas. *Vid.* apartado 2.2 de este capítulo, en el que se trata esta norma.

Además, hay que decir que la LMi tampoco dio grandes soluciones al contexto de incertidumbre que planteaba la normativa que vino a sustituir, en la medida en que tampoco hizo referencia alguna a los parámetros concretos que deben presentar unas aguas para que se puedan considerar minerales. Es por ello por lo que algunos autores han considerado el concepto jurídico de agua minero-medicinal como concepto jurídico indeterminado (Villar Ezcurra, 1980, pág. 37), circunstancia que en la práctica obliga a acudir al concepto de agua minero-medicinal que ofrece la hidrogeoquímica, esto es, «aquellas aguas que, en cuanto que minerales, poseen concentraciones anormalmente elevadas de algunas sustancias químicas disueltas o presentan un residuo seco muy elevado y, además, esas sustancias las convierte en elementos curativos, o al menos beneficiosos para la salud humana» (Barriobero Martínez, 2006, pág. 42).

Lo que sí deja claro la LMi es que las aguas termales, a las que hemos hecho referencia en el apartado anterior, constituyen una categoría diferenciada de las aguas minerales, una cuestión que no fue abordada hasta 1973 por ninguna normativa, entendiéndose que la termalidad era una posible característica que podía atribuir a unas aguas la condición de minerales.

La vigente LMi integró entonces las aguas termales igualmente como recursos de la sección B,[22] pero fuera ya de la categoría de las aguas minerales, definiéndolas en el artículo 23.2 y dejándolas al margen de la clasificación de las aguas minerales establecida en el apartado 1 del mismo artículo. Por lo tanto, atendiendo a la definición de las aguas termales ofrecida por la LMi, el único elemento diferencial es su «temperatura de surgencia superior en cuatro grados centígrados a la media anual donde alumbren».[23]

Ahora bien, aunque la denominación de agua termal no es equivalente a la de agua mineral, hay que decir que casi todas las aguas termales son a su vez minerales, pues a su termalidad añaden otros atributos que permiten que sean consideradas también aguas minerales. Además, de acuerdo con el artículo 30 de la LMi, «las aguas termales que sean destinadas a usos terapéuticos o industriales se considerarán como aguas minerales a todos los efectos de esta sección primera del capítulo segundo», esto es, en lo relativo a la autorización para su aprovechamiento, lo que significa que, en la práctica, la separación entre las aguas minerales y las termales llevada a cabo por la LMi sea «más aparente que real» (Barriobero Martínez, 2006, pág. 43).

2.2 El concepto jurídico de las aguas minerales naturales

Como se ha señalado, las aguas minerales naturales han sido objeto de regulación técnico-sanitaria con el propósito de determinar su ordenación jurídica en cuanto productos para consumo humano en forma de bebida. Inicialmente, de forma conjunta

22   Art. 3.1 de la LMi.
23   Art. 23.2 de la LMi.

con el resto de las aguas de bebida envasadas; y, en la actualidad, separadamente, pero junto con las aguas de manantial, mediante el Real Decreto 1798/2010, de 30 de diciembre, por el que se regula la explotación y comercialización de aguas minerales naturales y aguas de manantial envasadas para consumo humano.[24]

En cuanto a la definición que el RD 1798/2010 ofrece de las aguas minerales naturales, debemos remitirnos a su artículo 2, letra a):

> *a)* Aguas minerales naturales: aquellas microbiológicamente sanas que tengan su origen en un estrato o yacimiento subterráneo y que broten de un manantial o puedan ser captadas artificialmente mediante sondeo, pozo, zanja o galería, o bien, la combinación de cualquiera de ellos.

Éstas pueden distinguirse claramente de las restantes aguas de bebida ordinarias:

> 1.º por su naturaleza, caracterizada por su contenido en minerales, oligoelementos y otros componentes y, en ocasiones, por determinados efectos,
>
> 2.º por su constancia química y
>
> 3.º por su pureza original,

características estas que se han mantenido intactas, dado el origen subterráneo del agua que la ha protegido de forma natural de todo riesgo de contaminación.

Para la utilización de esta denominación, las aguas deberán cumplir las características establecidas en la parte A del anexo I[25] y los requisitos de declaración y autorización fijados en el artículo 3 para este tipo de aguas,[26] así como las condiciones de explotación y comercialización establecidas en el capítulo II de esta disposición.

A la vista de esta definición, puede concluirse que el concepto de aguas minerales naturales ofrecido por la actual norma técnico-sanitaria de aplicación a estas aguas hace hincapié en su composición química,[27] constancia[28] y pureza,[29] dejando claro que estas características peculiares permiten distinguir las aguas minerales naturales «claramente de las restantes aguas de bebida ordinarias».

---

24 Hay que poner de relieve que el RD 1978/2010 excluye expresamente de su ámbito de aplicación las aguas mineromedicinales con fines terapéuticos, así como también las aguas que se consideren medicamentos y las aguas preparadas y de consumo público envasadas, que se regulan por su propia reglamentación técnico-sanitaria (art. 2.5).

25 En la parte A del anexo I, además de las características generales recogidas en el artículo 2, letra a), se detallan las especificaciones organolépticas, microbiológicas, parasitológicas, químicas y de pureza que las aguas minerales deberán cumplir.

26 *Vid.* capítulo III para el procedimiento para la declaración y explotación de las aguas minerales.

27 En cuanto a su composición química, las aguas minerales naturales deben cumplir las especificaciones relativas a los parámetros establecidos en la parte B del apartado 1 del anexo IV (letra c del apartado 2 de la parte A del anexo I).

28 Por composición constante se entiende «la permanencia del tipo de mineralización, característica determinada por los componentes mayoritarios y, en su caso, por aquellos otros parámetros que caractericen el agua» (letra b del apartado 1 de la parte A del anexo I).

29 La pureza de las aguas minerales y termales exige que estas no excedan «de los límites de detección de las sustancias siguientes: cloro residual, compuestos fenólicos, agentes tensioactivos, difenilos clorados, aceites, grasas y cualquier otro producto no contemplado en la parte B del apartado 1 del anexo IV de la presente disposición, en cuanto sean indicadores de posible contaminación exógena de origen no subterráneo» (letra d del apartado 1 de la parte A del anexo I).

Esta definición, a simple vista mucho más completa que la que ofrece la LMi para las aguas minero-medicinales, tiene su origen en la Directiva 80/777/CEE del Consejo, de 15 de julio de 1980, relativa a la aproximación de las legislaciones de los Estados Miembros sobre explotación y comercialización de las aguas minerales naturales. La finalidad de esta directiva no era otra que la de armonizar las legislaciones de los Estados miembros en la materia, habida cuenta de que las diferencias entre unas y otras —y, en particular, en lo que debía entenderse por agua mineral natural—[30] suponían un obstáculo a la libre circulación de las aguas minerales naturales y, a la postre, al correcto funcionamiento del mercado común.[31]

Con este propósito, la Directiva 80/777 introdujo una definición de las aguas minerales naturales homogénea para todos los Estados miembros, que en el caso de España fue incorporada, prácticamente en los mismos términos, en el artículo 2.2.1 del Real Decreto 1164/1991, de 22 de julio, por el que se aprueba la Reglamentación Técnico-Sanitaria para la elaboración, circulación y comercio de aguas de bebida envasada, norma que traspuso a nuestro ordenamiento jurídico la citada Directiva. Luego, esta definición de las aguas minerales naturales será asumida de forma idéntica por sus sucesoras: primero, por el Real Decreto 1074/2002, de 18 de octubre, por el que se regula el proceso de elaboración, circulación y comercio de aguas de bebida envasadas[32], y, después, por el vigente RD 1798/2010.[33]

2.3 La polémica en torno a las aguas de manantial

En el estudio del régimen jurídico de las aguas minerales no puede dejarse de lado la discutida cuestión sobre la naturaleza de las denominadas aguas de manantial, pues, en función de la conclusión a la que se llegue, estas aguas quedarán bajo el régimen competencial y normativo específico de las aguas minerales o bajo el general aplicable al resto de las aguas, lo que tendrá importantes consecuencias sobre las competencias respecto de estas aguas, su titularidad y régimen de protección.[34]

---

30 Entre los Estados miembros podían apreciarse dos visiones contrapuestas respecto del concepto de aguas minerales: por una parte, los países de tradición latina, liderados por Francia y entre los que se situaba España, definían estas aguas atendiendo a las propiedades beneficiosas para la salud que presentaban en el momento de alumbramiento a la superficie, lo que en la práctica exigía la superación de numerosos controles, especialmente por parte de las autoridades médicas; por otra, los países de tradición germánica, destacando Alemania entre ellos, señalaban que la consideración como minerales de unas aguas dependía simplemente de su composición química —al menos 1.000 mg/l de sales minerales disueltas o 250 mg de gas carbónico libre o componentes extraños como radón, hierro o azufre, entre otros—, bastando para ello con la realización de un simple análisis en un laboratorio autorizado (Barriobero Martínez, 2006, págs. 47-48).

31 Considerandos de la Directiva 80/777.

32 Art. 2.B.a del RD 1074/2002.

33 Art. 2.a del RD 1798/2010.

34 *Vid.* apartado 1.1. del capítulo II, en el que se explica el especial marco competencial que rige para las aguas minerales y termales, singularizado respecto del aplicable a los demás recursos hídricos; apartado 2.4 del presente capítulo, donde se estudia la titularidad sobre estas aguas; y capítulo IV, en el que se abordan los mecanismos de protección.

Principalmente, el debate en torno a las aguas de manantial versa sobre si se las pueden considerar, junto con las aguas minerales naturales, como una subcategoría dentro de las aguas minero-medicinales que se destinan al consumo humano como agua de bebida envasada (Barriobero Martínez, 2006, pág. 58). En particular, por el hecho de que, como se acaba de ver, tanto a nivel europeo como nacional, las aguas minerales naturales y las aguas de manantial se regulan conjuntamente y de forma separada de las demás aguas destinadas al consumo humano,[35] como si ambos tipos de aguas envasadas pertenecieran al grupo de las aguas minerales.

Para abordar esta cuestión, debe partirse de la definición que el RD 1798/2010 ofrece, en su artículo 2, letra b), de las aguas de manantial:

b) Aguas de manantial: son las de origen subterráneo que emergen espontáneamente en la superficie de la tierra o se captan mediante labores practicadas al efecto, con las características naturales de pureza que permiten su consumo; características que se conservan intactas, dado el origen subterráneo del agua, mediante la protección natural del acuífero contra cualquier riesgo de contaminación.

Para la utilización de esta denominación, las aguas deberán cumplir las características establecidas en la parte B del anexo I[36] y los requisitos de declaración y autorización fijados en el artículo 3 para este tipo de aguas, así como las condiciones de explotación y comercialización establecidas en el capítulo II de esta disposición.

Por lo tanto, a la vista de las definiciones recogidas en las letras a) y b) del artículo 2 del RD 1798/2010, las aguas de manantial compartirían con las aguas minerales naturales su origen subterráneo y un grado parecido de pureza, circunstancias que servirían para justificar su tratamiento singular y su sujeción a los mismos requisitos biológicos y parasitológicos. Ahora bien, las aguas de manantial no gozan de las mismas características de las aguas minerales naturales en lo que a su composición química se refiere, siendo esta ausencia de características de mineralidad lo que «situaría a estas aguas claramente fuera del ámbito de aplicación de los preceptos de la Ley de Minas que solo son extensibles a las aguas minerales en sus diversas clasificaciones: termales, minero-medicinales y minero-industriales» (Nogueira López, 2009, pág. 28).

Sin embargo, siendo esta una cuestión que no ha sido abordada expresamente por la normativa, parece que el legislador, a tenor de la disposición final primera del RD 1798/2010, se hubiera inclinado por considerar las aguas de manantial como un

---

35 A nivel europeo, fue la Directiva 96/76/CE la que modificó la Directiva 80/777 e introdujo en ella ciertas disposiciones relativas a las aguas de manantial. En España, todas las aguas de bebida envasadas se regularon, desde las primeras reglamentaciones técnico-sanitarias, en una única disposición, hasta que en 2011, con la entrada en vigor de los Reales Decretos 1798 y 1799/2010, de 30 de diciembre, y en aras de una mayor seguridad jurídica, la explotación y comercialización de las aguas minerales naturales y aguas de manantial, por un lado, y la elaboración y comercialización de las aguas preparadas y de consumo público envasadas, por otro (exposición de motivos del RD 1798/2010), se separaron en dos normas independientes. *Vid.* apartado 2.1.2.1 del capítulo II para profundizar sobre la evolución de la normativa técnico-sanitaria en la materia.

36 La parte B del anexo I remite a las especificaciones microbiológicas y parasitológicas de las aguas minerales naturales, mientras que los parámetros químicos e indicadores son diferentes.

tipo de agua mineral, al clasificar las aguas minero-medicinales, en función de su uso o destino, como «aguas minero-medicinales con fines terapéuticos, aguas minerales naturales y aguas de manantial».[37]

En este sentido, hay que hacer mención también a la Ley 8/1990, de 28 de diciembre, de Aguas Minerales y Termales de Castilla-La Mancha, por cuanto su artículo 2, en el que se clasifican y definen las diferentes clases de aguas minerales, incluye, junto con las aguas minero-medicinales, las aguas minerales naturales, las aguas minero-industriales y las aguas termales, las aguas de manantial, definidas en el apartado c) como aquellas aguas subterráneas alumbradas natural o artificialmente, cuyo contenido en minerales, oligoelementos y otros componentes, cumple la vigente normativa de potabilidad, y que son susceptibles de utilizarse como aguas de bebida envasadas gracias a su pureza bacteriológica natural.[38]

Además, la escisión de las aguas de manantial respecto de las aguas minerales parece poco congruente si se tiene en cuenta que el RD 1798/2010 se remite a la LMi para la regulación de los aspectos procedimentales para la declaración y autorización de aprovechamiento ya no solo de las aguas minerales naturales, sino también de las aguas de manantial,[39] remisión que no podría llevarse a cabo si no se sostiene que las aguas de manantial son aguas minerales, ya que son estas las únicas que se encuentran expresamente excluidas del ámbito de aplicación de la legislación básica en materia de aguas.[40] Ahora bien, no hay que perder de vista, como señala Nogueira López (2009, pág. 28), «el fuerte sesgo minero de la normativa vigente unido a la incertidumbre normativa en relación con el título habilitante,[41] no semejan aportar ningún elemento positivo para la gestión de las aguas de manantial».

Ante este panorama contradictorio, deben buscarse soluciones en la jurisprudencia. En este sentido, el Tribunal Supremo se ha posicionado claramente a favor de la escisión de las aguas de manantial y las aguas minerales en las STS de 9 de junio y de 2 de octubre de 2003, al reconocer que «las aguas de manantial tienen un régimen jurídico distinto de las declaradas minerales o termales con arreglo a la Ley de Minas y,

---

37 Esta disposición modifica el artículo 38.1 del Reglamento General para el Régimen de la Minería aprobado por Real Decreto 2857/1978, de 25 de agosto, estableciendo la clasificación de las aguas minerales en minero-medicinales y minero-industriales, con la finalidad de «clarificar» que la LMi «permanece vigente y resulta de aplicación para las aguas minerales y termales, independientemente del uso al que se destinen» (exposición de motivos del RD 1798/2010).

38 A este respecto, Barriobero Martínez (2009, pág. 71) opina que «la Comunidad Autónoma de Castilla-La Mancha está desarrollando sus competencias sobre las aguas minerales y termales de modo abusivo. En primer lugar, porque [...] incluye expresamente dentro de la categoría de las aguas minerales y termales a las aguas de manantial, con lo cual está atrayendo hacia su competencia aguas que, por no tener la naturaleza de aguas minerales y termales, y dada la ubicación geográfica de dicha Comunidad, son competencia de la Administración hidráulica estatal; y, en segundo lugar, porque —careciendo de la competencia para ello— ofrece una definición de lo que sean las aguas de manantial diferente a la establecida en la normativa estatal».

39 Art. 3.1 del RD 1798/2010.

40 Art. 1.5 del TRLA.

41 *Vid.* apartado 3 de este capítulo.

por consiguiente, están sometidas tanto en lo que a su titularidad se refiere como a su aprovechamiento a lo establecido por la Ley de Aguas».[42]

Así pues, siguiendo la tesis mantenida por el Tribunal Supremo, debe sostenerse que las aguas de manantial son aguas comunes —eso sí, de procedencia subterránea y dotadas en mayor o menor medida de ciertos componentes en disolución—, sujetas, por tanto, en lo que a su titularidad y régimen de aprovechamiento se refiere, al carácter dominical que la legislación de aguas otorga a los diferentes recursos que integra en el dominio público hidráulico.[43]

De esta forma, las aguas de manantial solo compartirán con las aguas minerales el cauce procedimental para su declaración y aprovechamiento previsto en la LMi, y, en lo que se refiere a las condiciones de comercialización recogidas en el RD 1798/2010, solo deberán cumplir los requisitos biológicos y parasitológicos fijados para las aguas minerales naturales, así como las exigencias para el acondicionamiento de las instalaciones y equipos destinados a la explotación del manantial y algunos de los requisitos establecidos en relación con el etiquetado.[44]

3. La cuestión de la titularidad de las aguas minerales

Para finalizar este primer capítulo, abordaremos la titularidad de las aguas minerales, una de las cuestiones que más debate ha suscitado en relación con el régimen jurídico aplicable a estas aguas y que, en un primer orden de cosas, resulta tan esencial para determinar si el régimen para el aprovechamiento de unas aguas minerales es el de concesión o el de autorización.

La controversia parte del hecho de que el marco normativo actual no regula de forma expresa si las aguas minerales tienen naturaleza pública o privada, lo que genera importantes incongruencias, como la dualidad de títulos habilitantes —concesiones y autorizaciones— para el aprovechamiento de un mismo tipo de recurso, así como, en general, una situación de gran incertidumbre e inseguridad jurídicas.

Este vacío legal trae causa de la exclusión que la Ley 29/1985, de 2 de agosto, de Aguas, llevó a cabo de las aguas minerales y termales[45] en su artículo 1.4, remitién-

---

42 SSTS de 9 de junio de 2003 (Sala Tercera de lo Contencioso-Administrativo, Sección 5.ª, recurso núm. 3405/1997, ponente: Jesús Ernesto Peces Morate, FJ 15) y de 2 de octubre de 2003 (Sala Tercera de lo Contencioso-Administrativo, Sección 5.ª, recurso núm. 3460/1997, ponente: Jesús Ernesto Peces Morate, FJ 15).

43 De acuerdo con el artículo 2 del TRLA: «Constituyen el dominio público hidráulico del Estado, con las salvedades expresamente establecidas en esta Ley:
   a) Las aguas continentales, tanto las superficiales como las subterráneas renovables con independencia del tiempo de renovación.
   b) Los cauces de corrientes naturales, continuas o discontinuas.
   c) Los lechos de los lagos y lagunas y los de los embalses superficiales en cauces públicos.
   d) Los acuíferos, a los efectos de los actos de disposición o de afección de los recursos hidráulicos.
   e) Las aguas procedentes de la desalación de agua de mar».

44 Arts. 4 a 10 del RD 1978/2010.

45 Adviértase que en este apartado hablaremos de aguas minerales y termales —y no minerales exclusivamente—, puesto que, como se verá en el próximo capítulo, la Constitución ha establecido un marco competencial común

dolas a su legislación específica, y que actualmente se recoge en el artículo 1.5 del Real Decreto Legislativo 1/2001, de 20 de julio, por el que se aprueba el texto refundido de la Ley de Aguas.[46] Por lo tanto, en lo que a la titularidad de estas aguas se refiere, hay que estar a lo dispuesto en la LMi y en la normativa autonómica,[47] lo cual, no obstante, plantea un problema por partida doble.

Por una parte, porque el artículo 2.2 de la LMi, «en cuanto al dominio de las aguas», se remite, a su vez, «a lo dispuesto en el Código Civil y las Leyes Especiales». Esta previsión, en el momento de aprobarse la LMi, implicaba que las aguas minerales y termales continuarían sujetas al principio clásico de accesión, contemplado entonces en los artículos 407 y 408 del Código Civil y en los artículos 15 y 16 de la Ley de Aguas de 13 de junio de 1879. De esta forma, la titularidad de estas aguas seguía dependiendo de la naturaleza pública o privada del terreno del que nacían, correspondiendo su dominio al propietario de dicho terreno, si las usaba, o a su descubridor, si les diese utilidad. Sin embargo, a partir de 1985, esta doble remisión normativa implicó un vacío normativo respecto del régimen de titularidad de las aguas minerales y termales, al quedar derogados los artículos 407 a 425 del Código Civil y la Ley de Aguas de 1879 por la disposición derogatoria primera de la Ley de Aguas de 1985.

Ante este panorama, no encontramos una respuesta unánime por parte de la doctrina, sino diferentes hipótesis acerca del carácter público o privado de las aguas minerales y termales. Así, autores como Martín-Retortillo (1997, pág. 191) o López Ramón (2008, págs. 11-16) han considerado que continúan existiendo aguas minerales y termales de titularidad privada. Sin embargo, en un sentido totalmente opuesto, González Pérez (1987, pág. 95) considera que la demanialización del dominio hidráulico llevada a cabo por la Ley de Aguas de 1985 en su artículo 2 opera sobre todas las aguas, posición que ha parecido mantener el Tribunal Supremo en alguna sentencia, como en la STS, de 14 de enero de 1994, donde afirma que «la Sentencia apelada ha examinado con ejemplar detenimiento y acierto la evolución de la legalidad en materia de aguas minero-medicinales vigente durante la explotación privada del acuífero —que se remonta al Reglamento de Baños y Aguas Medicinales de 12 de mayo de 1874— en relación con la legislación de aguas y minas y la correspondiente actuación administrativa en la materia que, sin perjuicio del carácter demanial de estas aguas, respetó las situaciones producidas conforme a la legislación anterior».[48]

---

para unas y otras aguas, y ha determinado que la legislación en materia de aguas se refiera a las aguas minerales y termales.

46   *Vid.* letra B del apartado 2.1.2 del capítulo II, dedicado a la evolución de la normativa en materia de aguas, donde se analizará en mayor profundidad la exclusión de las aguas minerales y termales llevada a cabo por la legislación de aguas.

47   *Vid.* letra C del apartado 2.1.2 del capítulo II para conocer en detalle la normativa autonómica dictada en la materia.

48   STS, de 14 de enero de 1994 (Sala Tercera de lo Contencioso-Administrativo, Sección 3.ª, ponente: José María Morenilla Rodríguez, FJ 4).

De gran interés resulta la reflexión de Barriobero Martínez (2009, págs. 216-217), quien condiciona la titularidad de las aguas minerales y termales a su pertenencia o no al ciclo hidrológico.[49] Para este autor, efectivamente, casi todas las aguas minerales y termales tienen naturaleza demanial en virtud del artículo 1.3 del TRLA, puesto que, como se ha expuesto al inicio de este capítulo, en su mayoría proceden de aguas superficiales y, por lo tanto, antes de convertirse en minerales, ya pertenecían al ciclo hidrológico. Pero, sobre la base de este mismo razonamiento, sostiene la posibilidad de afirmar la titularidad privada respecto de aquellas aguas minerales y termales que, por el contrario, puedan categorizarse como juveniles, toda vez que estas nunca han formado parte del ciclo hidrológico.[50]

Esta es la tesis que más se alinea con el criterio que el Tribunal Supremo sigue en las citadas SSTS de 9 de junio y de 2 de octubre de 2003, en las que sostiene que, por aplicación del ciclo hidrológico, las aguas minerales y termales están afectadas por la cláusula demanializadora introducida por la Ley de Aguas de 1985 y forman, por tanto, parte del dominio público estatal como dominio público hidráulico. Así, en ambas sentencias, el Alto Tribunal reconoce, en iguales términos, que el artículo 1.2 de la Ley de Aguas de 1985 «establece que las aguas continentales superficiales, así como las subterráneas renovables, integradas todas ellas en el ciclo hidrológico, constituyen un recurso unitario, subordinado al interés general, que forma parte del dominio público estatal como dominio público hidráulico, para seguidamente determinar en su artículo 2 las aguas que conforman el dominio público hidráulico [...]»,[51] confirmando después que «al cambio sustancial introducido por la vigente Ley de Aguas no son ajenas las aguas minerales y termales, que solo en cuanto a su aprovechamiento, pero no en lo que a su titularidad dominical se refiere, se rigen por lo establecido en la Ley de Minas, según lo dispuesto concordadamente por los artículos 1.4 de la primera y 2.2 de la segunda, lo que comporta trascendentales consecuencias jurídicas, derivadas de la realista concepción del agua como recurso unitario e integrantes todas ellas del ciclo hidrológico [...]».[52]

Por otro lado, aunque alguna comunidad autónoma haya abordado esta cuestión,[53] hay que descartar que la titularidad de las aguas minerales y termales pue-

---

49 Sin perjuicio de que en la letra B del apartado 2.1.2 del capítulo II, sobre la evolución del régimen jurídico de las aguas, se vuelva a tratar esta cuestión, debe adelantarse que el *principio de unidad de ciclo hidrológico*, introducido por la Ley de Aguas de 1985, viene a decir que todas las aguas, con independencia de la forma en que se manifiesten en la naturaleza, están interrelacionadas entre sí, en la medida en que, en última instancia, proceden de las precipitaciones, constituyendo un recurso unitario.

50 Por ello, este autor señala la importancia del IGME en el expediente para la calificación de unas aguas como minerales, conforme al artículo 24.2 de la LMi, ya que este organismo deberá pronunciarse, entre otros extremos, sobre la pertenencia de estas aguas al ciclo hidrológico. *Vid.* apartado 1 del capítulo III sobre esta cuestión.

51 FJ 14.

52 FJ 15.

53 Así, en Castilla-La Mancha, mediante la Ley 8/1990, de 28 de diciembre, de Aguas Minerales y Termales de Castilla-La Mancha (arts. 1 y 7.1), y, en Extremadura, mediante la Ley 6/1994, de 24 de noviembre, de Balnearios

da venir determinada por la normativa autonómica. Ello por cuanto esta forma de actuar por parte del legislador autonómico supondría una intromisión ilegítima en la competencia del Estado para llevar a cabo la demanialización de los bienes que integran el dominio público natural al que se refiere el artículo 132.2 de la CE. En este sentido se ha pronunciado Barriobero Martínez (2009, págs. 217-218), siguiendo la línea mantenida por nuestro Tribunal Constitucional en la famosa STC 227/1988, de 29 de noviembre, en la que afirma que la Constitución «ha querido explícitamente reservar a la ley, y precisamente a la ley estatal, la potestad de completar esa enumeración», refiriéndose a la lista *numerus apertus* de bienes integrantes del demanio natural del artículo 132.2 CE.[54] Ahora bien, como plantea Nogueira López (2010, pág. 32), en el caso de aquellas comunidades autónomas que han establecido la naturaleza demanial de las aguas minerales y termales, también se podría interpretar «que la normativa autonómica no demanializa estas aguas, sino que deduce su naturaleza de la normativa estatal».

Asimismo, y a modo de cierre de este apartado, señala esta misma autora que la necesidad de aplicar técnicas de protección homogéneas a todas las aguas con el fin de garantizar la calidad y cantidad de este recurso, la plena operatividad del principio de unidad de ciclo hidrológico y la pérdida de nitidez de los contornos, cada vez más difusos, entre los títulos jurídicos habilitantes para el aprovechamiento de aguas públicas y privadas —concesiones y autorizaciones—,[55] son factores que «aproximan el régimen de unas y otras aguas de forma evidente», por lo que concluye que nos encontramos ante un «régimen jurídico homogéneo apenas diferenciado por la titularidad pública o privada de las aguas» (Nogueira López, 2010, pág. 32-35).

A la vista de lo expuesto, debe concluirse que no existe en el marco normativo actual una respuesta definitiva sobre la naturaleza pública o privada de las aguas mine-

y de Aguas Minero-Medicinales y/o Termales (art. 6), se ha establecido el carácter demanial de las aguas minerales y termales, regulándose el régimen de concesión para su aprovechamiento. Sin embargo, en Galicia, la Ley 5/1995, de 7 de junio, de regulación de las aguas minerales, termales, de manantial y de los establecimientos balnearios de la Comunidad Autónoma de Galicia, ha mantenido la titularidad de estas aguas dependiente del carácter público o privado del terreno del que se extraen (arts. 6.1 y 11.1).

54   STC 227/1988, de 29 de noviembre (Pleno, recursos núm. 824, 944, 977, 987 y 988/1985, ponente: Jesús Leguina Villa, FJ 14).

55   No puede olvidarse la compleja tarea de trazar la línea divisoria entre la autorización y la concesión administrativa, cuestión ampliamente discutida por la doctrina administrativista española. De gran interés resultan las reflexiones de la Dra. Lucía Casado Casado, fruto del estudio de las revisiones doctrinales sobre la concepción clásica de la autorización administrativa y de los criterios empleados tradicionalmente para distinguir ambas figuras, concluyendo que «la tradicional contraposición entre autorización y concesión debe ser objeto de relativización. No puede mantenerse en la actualidad, fruto de la extraordinaria expansión de la autorización en los diferentes ámbitos de intervención, una radical diferenciación entre autorización y concesión administrativa» (2002, pág. 784). Como había advertido Meilán Gil (1973, pág. 87): «Los esfuerzos para mantener la claridad de la distinción se encuentran continuamente las dificultades que proporciona una realidad extraordinariamente multiforme. La elección definitiva a favor de una u otra figura va frecuentemente acompañada de matizaciones que, desde un puro nivel teórico, se presentan como impurezas de la categoría. La autorización, por ejemplo, se "infecciona" de notas concesionales».

rales y termales, siendo el criterio de la pertenencia de estas aguas al ciclo hidrológico sostenido por parte de la doctrina y el Tribunal Supremo el que parece ofrecer la solución práctica más apropiada por el momento. En cualquier caso, no cabe duda de que la mejor solución a esta situación de inseguridad jurídica sería que el legislador estatal optase por regular de forma expresa el régimen de titularidad que ha de regir sobre estas aguas, optando por su publificación a fin de garantizar el respeto al principio de unidad del ciclo hidrológico y las necesidades de protección cuantitativa y cualitativa de estas aguas.

Capítulo II. Marco competencial y normativo aplicable a las aguas minerales

Después de esta aproximación general a las aguas minerales, es momento ahora de exponer el régimen de distribución de competencias que rige en esta materia y de introducir el marco normativo que le resulta aplicable, paso previo indispensable para comprender adecuadamente el concreto análisis normativo que se llevará a cabo en los capítulos III y IV de este trabajo.

1. Marco competencial

Una de las grandes peculiaridades del régimen jurídico de las aguas minerales se encuentra en la configuración del marco competencial que se aplica a estas aguas. En primer lugar, por el tratamiento diferenciado que la Constitución les otorgó respecto de las demás aguas, que ha repercutido enormemente en la delimitación de la normativa que les resulta aplicable, acarreando a su vez graves consecuencias sobre la gestión y protección adecuadas de estos recursos. Y, en segundo lugar, por el complejo entrecruzamiento de competencias que justifica la intervención del Estado en esta materia. Ya no solo sobre la base de los títulos que le competen sobre minas o sanidad, sino también al amparo de otras competencias de muy diversa naturaleza que el artículo 149.1 de la CE atribuye al Estado, tales como las recogidas en los números 9, 10, 11, 13 y 23 en materia de propiedad industrial e intelectual, comercio exterior, seguros, planificación general de la actividad económica y protección del medio ambiente, respectivamente.

Si bien el objeto de estudio de este trabajo es el régimen aplicable a las aguas minerales, debe advertirse que en el presente capítulo haremos referencia a estas aguas junto con las aguas termales, por cuanto la Constitución ha establecido un marco competencial común para unas y otras.

Tras esta contextualización previa, pasamos a continuación a analizar las diferentes competencias que ostentan el Estado y las comunidades autónomas en la materia, concluyendo el apartado con una reflexión final sobre el alcance de cada una de ellas a partir de los principales títulos competenciales analizados y de la jurisprudencia constitucional recaída.

1.1. Las competencias sobre las aguas minerales y termales y sobre las demás aguas

Lo primero que llama la atención del régimen de distribución de competencias en materia de aguas minerales es que sigue un esquema distinto del dispuesto para las demás aguas.

De acuerdo con los artículos 149.1.22 y 148.1.10 de la CE, las competencias sobre los recursos y aprovechamientos hidráulicos se distribuyen entre el Estado y las comunidades autónomas atendiendo al criterio de *cuenca hidrográfica*. Con arreglo a este, la gestión de las *cuencas supraterritoriales* o *intercomunitarias* —aquellas cuyas aguas discurren por el territorio de más de una comunidad autónoma— corresponde al Estado, competencia que ejerce a través de las confederaciones hidrográficas. En cambio, la gestión de las *cuencas internas* o *intracomunitarias* —aquellas cuyas aguas discurren íntegramente por el territorio de una sola comunidad autónoma— corresponde a las comunidades autónomas, quienes ejercerán su competencia a través de los organismos de cuenca autonómicos (Fanlo Loras, 2010, pág. 311).[56] Sin embargo, la Constitución

---

56 Queda fuera del objeto del presente trabajo el estudio exhaustivo del reparto competencial sobre las aguas. Sin embargo, no puede pasarse por alto una breve explicación al respecto, habida cuenta de las múltiples referencias que a lo largo del trabajo se hará a las denominadas cuencas hidrográficas, criterio que dio solución a la polémica competencial que giró en torno a las aguas suscitada por el diferente criterio empleado por el constituyente a la hora de atribuir las competencias al Estado y a las comunidades autónomas sobre esta materia. Y es que, mientras que el artículo 148.1.10 de la CE, primer inciso, daba la posibilidad a las comunidades autónomas de asumir, a través de sus estatutos de autonomía, las competencias sobre «los proyectos, construcción y explotación de los aprovechamientos hidráulicos, canales y regadíos de interés de la Comunidad Autónoma», optando así por el criterio del interés de las comunidades autónomas, el artículo 149.1.22 de la CE utilizaba un criterio estrictamente geográfico, al otorgar al Estado la competencia sobre «la legislación, ordenación y concesión de recursos y aprovechamientos hidráulicos cuando las aguas discurran por más de una Comunidad Autónoma». Las polémicas doctrinales y jurídicas quedaron solventadas por la STC 227/1988, de 29 de noviembre, que resolvió los recursos de inconstitucionalidad presentados por varias comunidades autónomas contra la Ley de Aguas de 1985, entre otros motivos, por considerar que el criterio de delimitación territorial de competencias utilizado por el legislador minoraba las competencias autonómicas sobre las aguas que les fueron concedidas a las comunidades autónomas al amparo del artículo 148.1.10 de la CE. El Tribunal Constitucional consideró, no obstante, que el criterio de cuencas hidrográficas se adecuaba a la CE, confirmando la atribución al Estado de las competencias sobre las aguas situadas en cuencas intercomunitarias y, a las comunidades autónomas, las competencias sobre las aguas situadas en cuencas intracomunitarias (FJ 15), correspondiendo al Estado, en todo caso, las competencias para fijar las reglas sobre la protección del dominio público hidráulico y, a las comunidades autónomas, las relativas al aprovechamiento y la denominada policía de aguas (FJ 18). Para la valoración de los artículos 148.1.10 y 149.1.22 de la CE a la luz de la jurisprudencia constitucional recaída, pueden verse los comentarios en Casas Baamonde, María Emilia y Rodríguez Piñeiro, Miguel (2009). *Comentarios a la Constitución española. XXX Aniversario*. Wolters Kluwer, Madrid, págs. 2237-2240 y 2414-2418.

reconoció, en el artículo 148.1.10, la competencia sobre las aguas minerales y termales a favor de las comunidades autónomas, sin atribuir al Estado —de forma expresa— competencia alguna sobre estas aguas.

De entrada, sorprende el diferente criterio empleado por el constituyente a la hora de establecer las competencias sobre unas y otras aguas, teniendo en cuenta la condición hídrica que las aguas minerales y termales manifiestan en la naturaleza. Sin embargo, lo anterior cobra sentido si se presta atención a la particular trayectoria que ha seguido la normativa aplicable a las aguas minerales y termales, y, concretamente, a su categorización como recursos mineros, la cual se fue gestando desde comienzos del siglo XIX y terminó por confirmarse por la vigente LMi, apenas cinco años antes de que se aprobase la Constitución.[57]

Ello no significa, según Perdigó Solà (2009, págs. 86-87), que nos encontremos ante materias sustancialmente distintas, y mucho menos que fuese la voluntad del constituyente incluir las aguas minerales y termales dentro del régimen minero. En primer lugar, porque el propio artículo 148.1.10 de la CE se refiere, inmediatamente antes que a las aguas minerales y termales, a las competencias autonómicas sobre los recursos hídricos, lo que permite inferir que se trata de un título competencial en materia de aguas y no de minas. Y, en segundo lugar, porque, como ahora se verá, la mayor parte de las comunidades autónomas asumieron las competencias sobre estas claramente diferenciadas de las competencias sobre minas.

Al margen de este debate, pudiera parecer que la Constitución dejó de inicio resuelta, en beneficio de las comunidades autónomas, la cuestión competencial en torno a las aguas minerales y termales, cuando lo cierto es que nos encontramos ante un tema de gran interés. No tanto, quizás, en el sentido del tradicional conflicto competencial entre Estado y comunidades autónomas, sino, además de por la presencia de diferentes títulos competenciales concurrentes,[58] por las consecuencias que este marco competencial especial va a tener sobre el régimen jurídico que, a partir de la Constitución y hasta hoy, regula las aguas minerales y termales.

En un primer orden de cosas, el reparto competencial en materia de aguas minerales y termales supuso que todas las comunidades autónomas asumieran desde un primer momento, a través de sus estatutos de autonomía originarios, las competencias sobre estas aguas que se les reconoce en el artículo 148.1.10 de la CE.

Ahora bien, hay que decir que esta asunción de competencias no se llevó a cabo de forma homogénea en todas las comunidades autónomas. La mayoría de ellas, como se acaba de advertir, parecen haber afirmado el carácter hídrico de las aguas minerales y termales, recogiendo las competencias exclusivas sobre estas aguas en el

---

57 Esta cuestión se analizará en el apartado 2.1.1 del presente capítulo, dedicado a la evolución del marco normativo aplicable a las aguas minerales y termales hasta la LMi.

58 El estudio de los principales títulos estatales que concurren en materia de aguas minerales y termales se lleva a cabo en los apartados 1.2 y 1.3 de este capítulo.

mismo apartado que los recursos hídricos «que discurran íntegramente por el territorio de la Comunidad Autónoma» o «de interés de la Comunidad Autónoma», según el caso, y sin referencia expresa a los títulos concretos del Estado que concurren en la materia.[59]

Un segundo grupo más reducido lo conforman aquellas comunidades autónomas que, por el contrario, reconocieron indirectamente la condición de recursos mineros de las aguas minerales y termales al asumir las competencias exclusivas sobre estas aguas, «sin perjuicio» de las competencias del Estado conferidas en el artículo 149.1.25 de la CE para establecer la legislación básica del Estado sobre el régimen minero y energético,[60] aunque reguladas de forma conjunta con las competencias sobre energía y/o los aprovechamientos hidráulicos, según el caso.[61]

Finalmente, con una postura intermedia, se puede situar a Galicia, Andalucía y Castilla y León, que recogieron las competencias sobre las aguas minerales y termales de forma aislada de cualesquiera otras competencias autonómicas, o Extremadura, que las reguló conjuntamente tanto con las competencias sobre los aprovechamientos hidráulicos que discurren íntegramente dentro del territorio de la comunidad como con las competencias sobre la energía, sin hacer tampoco alusión a las competencias estatales sobre el régimen minero y energético.[62]

La segunda gran consecuencia del criterio seguido por el constituyente para fijar las competencias sobre las aguas minerales y termales separadamente de los demás recursos hídricos fue su marginación del régimen jurídico aplicable a las aguas en general.

---

59 Hablamos de las nueve comunidades autónomas siguientes: Asturias (art. 10.1.g de la Ley Orgánica, 7/1981, de 30 de diciembre, de Estatuto de Autonomía para Asturias), Cantabria (art. 22.8 de la Ley Orgánica 8/1981, de 30 de diciembre, de Estatuto de Autonomía para Cantabria), La Rioja (art. 8.1.4 de la Ley Orgánica 3/1982, de 9 de junio, de Estatuto de Autonomía de La Rioja), Región de Murcia (art. 10.1.g de la Ley Orgánica 4/1982, de 9 de junio, de Estatuto de Autonomía para la Región de Murcia), Aragón (art. 35.11 de la Ley Orgánica 8/1982, de 10 de agosto, de Estatuto de Autonomía de Aragón), Castilla-La Mancha (art. 3.1.g de la Ley Orgánica 9/1982, de 10 de agosto, de Estatuto de Autonomía de Castilla-La Mancha), Canarias (art. 29.6 de la Ley Orgánica 10/1982, de 10 de agosto, de Estatuto de Autonomía de Canarias), Islas Baleares (art. 10.6 de la Ley Orgánica 2/1983, de 25 de febrero, de Estatuto de Autonomía para las islas Baleares) y Comunidad de Madrid (art. 26.8 de la Ley Orgánica 3/1983, de 25 de febrero, de Estatuto de Autonomía de la Comunidad de Madrid).

60 Sobre esta competencia estatal y su incidencia en el régimen de las aguas minerales y termales, se profundizará en el siguiente apartado.

61 Se trata de las cuatro comunidades autónomas siguientes: País Vasco (art. 10.11 de la Ley Orgánica 3/1979, de 18 de diciembre, de Estatuto de Autonomía para el País Vasco), Cataluña (art. 9.16 de la Ley Orgánica 4/1979, de 18 de diciembre, de Estatuto de Autonomía para Cataluña), Comunidad Valenciana (art. 31.16 de la Ley Orgánica 5/1982, de 1 de julio, de Estatuto de Autonomía de la Comunidad Valenciana) y Navarra (art. 44.6 de la Ley Orgánica 13/1982, de 10 de agosto, de reintegración y amejoramiento del Régimen Foral de Navarra), que resulta ser la más clara en este sentido, al situar las aguas minerales y termales en el marco de la legislación básica del Estado sobre el régimen de la minería, asumiendo las competencias sobre las aguas minerales y termales junto con las competencias sobre energía y separadas de las de los aprovechamientos hidráulicos, y «sin perjuicio de la legislación básica del Estado sobre el régimen minero y energético» (Perdigó Solà, 2009, págs. 88-89).

62 Galicia (art. 27.14 de la Ley Orgánica 1/1981, de 6 de abril, de Estatuto de Autonomía para Galicia), Andalucía (art. 13.13 de la Ley Orgánica 6/1981, de 30 de diciembre, de Estatuto de Autonomía para Andalucía), Castilla y León (art. 26.1.8 de la Ley Orgánica 4/1983, de 25 de febrero, de Estatuto de Autonomía de Castilla-León) y Extremadura (art. 7.1.7 de la Ley Orgánica 1/1983, de 25 de febrero, de Estatuto de Autonomía de Extremadura).

Como explica Barriobero Martínez (2006, pág. 133), el modo incuestionable en el que el artículo 148.1.10 de la CE otorga a las comunidades autónomas las competencias sobre las aguas minerales y termales supuso que el legislador estatal las excluyera del ámbito de aplicación de la Ley 29/1985, de 2 de agosto, de Aguas, dejándolas al margen del criterio de las cuencas hidrográficas, con los importantes inconvenientes que ello supuso.

Cierto es también que la llegada de la Directiva Marco de Aguas en el año 2000 y su constatación de la unidad del ciclo hidrológico[63] tuvo cierto impacto en el régimen competencial de las aguas minerales y termales, aproximándolas al ámbito del artículo 149.1.22 de la CE (Perdigó Solà, 2009, págs. 89-90). Por una parte, llevando al legislador estatal a matizar la exclusión total de estas aguas del ámbito de aplicación de la Ley de Aguas de 1985, de tal forma que les resultasen de aplicación las normas básicas de protección de las aguas. Y, por otra, influyendo en los procesos de reforma estatutaria iniciados por algunas comunidades autónomas a principios de siglo, en el sentido de aminorar la competencia exclusiva autonómica sobre las aguas minerales y termales en beneficio de la competencia estatal en materia de aguas, bien asumiendo expresamente la competencia exclusiva de las aguas minerales y termales de carácter intracomunitario,[64] bien mediante una referencia a la legislación básica del Estado[65] o bien omitiendo la referencia a las aguas minerales y termales,[66] debiendo entenderse

---

63 La evolución de la normativa en materia de aguas se analiza en detalle en la letra B del apartado 2.1.2 del presente capítulo.

64 Véase el caso de Andalucía y de Castilla y León, que pasaron de recoger la competencia exclusiva sobre las aguas minerales y termales aisladamente de cualquier otro recurso a regular esta competencia, junto con los aprovechamientos hidráulicos de carácter intracomunitario, en sendos artículos específicos bajo las rúbricas «Agua» y «Competencias sobre la Cuenca del Duero y las aguas de la Comunidad», respectivamente (art. 50 de la Ley Orgánica 2/2007, de 19 de marzo, de reforma del Estatuto de Autonomía para Andalucía, y art. 75 de la Ley Orgánica 14/2007, de 30 de noviembre, de reforma del Estatuto de Autonomía de Castilla y León). También Aragón, mediante la Ley Orgánica 5/2007, de 20 de abril, que derogó su anterior Estatuto de Autonomía, pasó a regular las competencias sobre las aguas minerales y termales en el artículo 72, sobre «Aguas», limitando su «competencia exclusiva en materia de aguas minerales y termales» a aquellas «de interés de la Comunidad Autónoma».
No obstante, los cambios estatutarios en esta dirección comenzaron a verse ya a finales del siglo pasado tras la constatación del criterio de cuencas hidrográficas por la citada STC 227/1988, de 29 de noviembre. Así, es claro el ejemplo de la Comunidad de Madrid, que ya tras la reforma de su estatuto de autonomía llevada a cabo por la Ley Orgánica 5/1998, de 7 de julio, comenzó a hablar de la competencia exclusiva en materia de «aguas nacientes, superficiales, subterráneas, minerales y termales, cuando discurran íntegramente por el ámbito territorial de la Comunidad de Madrid», dejando patente la condición hídrica de estos recursos y su sujeción al criterio de cuencas hidrográficas. De forma similar, Cantabria y Extremadura modificaron sus propios títulos competenciales sobre las aguas minerales y termales mediante la Ley Orgánica 11/1998, de 30 de diciembre, y la Ley Orgánica 12/1999, de 6 de mayo, de reforma de sus respectivos estatutos, refiriéndose solo a aquellas aguas minerales y termales que discurren íntegramente por sus respectivos ámbitos territoriales.

65 Se puede señalar aquí la Ley Orgánica 1/2007, de 28 de febrero, de reforma del Estatuto de Autonomía de las Illes Balears, que derogó el estatuto originario e introdujo en el encabezado del artículo 30, dedicado a las competencias exclusivas de esta comunidad autónoma, la referencia a los títulos competenciales del Estado conferidos en el artículo 149.1 de la CE.

66 Este fue el caso de Cataluña, donde la Ley Orgánica 6/2006, de 19 de junio, de reforma del Estatuto de Autonomía de Cataluña, suprimió la referencia expresa a las aguas minerales y termales, regulando las competencias autonómicas en materia de «Agua y obras hidráulicas», por un lado (art. 117), y en materia de «Energía y minas», por otro (art. 133).

estas incluidas implícitamente en el dominio público hidráulico, salvo interpretación en sentido radicalmente opuesto (Nogueira López, 2009, págs. 23-27).

1.2. Las competencias sobre las aguas minerales y termales como recursos mineros

El tratamiento competencial diferenciado de las aguas minerales y termales respecto del de las demás aguas obedece, como ya se advirtió, a la categorización de las aguas minerales y termales como auténticos recursos mineros por la LMi.

Precisamente, su clasificación como recursos mineros de la sección B por el artículo 3.1 de la citada LMi sitúa las aguas minerales y termales igualmente dentro del ámbito del artículo 149.1.25 de la CE, en la medida en que este recoge la competencia exclusiva del Estado para establecer las «bases de régimen minero y energético».

Por lo tanto, la actuación de las comunidades autónomas a la hora de asumir las competencias sobre las aguas minerales y termales resulta irreprochable, salvo por cuanto se refiere al pretendido carácter de exclusividad con el que la mayoría de ellas asumieron tales competencias, toda vez que los títulos competenciales reconocidos a las comunidades autónomas en el artículo 148.1 de la CE deben ponerse en conexión con otros títulos atribuidos al Estado en el artículo 149.1 de la CE (Barriobero Martínez, 2006, págs. 138-139). Es decir, no solo las comunidades autónomas se encuentran legitimadas para regular las aguas minerales y termales, sino también el Estado, siempre y cuando lo haga fijando las bases del régimen minero o sobre la base de otros títulos competenciales concurrentes que le confiere el artículo 149.1 de la CE.

El problema radica, no obstante, en determinar qué preceptos de la LMi tienen carácter de básicos, ya que esta es una cuestión que, por evidentes razones cronológicas, el legislador estatal no se planteó y que tampoco ha sido aclarada por el Tribunal Constitucional. En cualquier caso, no puede olvidarse que la jurisprudencia sobre la noción material de la normativa básica permite atribuir tal consideración a esta norma preconstitucional, en la medida en que el carácter básico de una norma no depende de que se haya configurado como tal, sino de que dicho carácter se deduzca racionalmente de su contenido.[67]

Por lo tanto, como señala Delgado Piqueras (2009, pág. 136), el efecto limitador de la LMi respecto de la competencia reguladora autonómica es de difícil apreciación, no mereciendo la pena abrir este debate, en su opinión, «por pura especulación», al no haberse planteado en sede constitucional. Sobre esta cuestión, sí se han pronunciado autores como Barriobero Martínez (2006, págs. 148-150) y Nogueira López (2009,

---

67 SSTC 32/1981, de 28 de julio (Pleno, recurso de constitucionalidad promovido por el Presidente del Gobierno contra la Ley de Cataluña núm. 6/1980, ponentes: Francisco Rubio Llorente, Rafael Gómez-Ferrer Morant y Ángel Escudero del Corral, FJ 1), y 25/1983, de 7 de abril (Pleno, conflictos de competencia núm. 223 y 228/1981, ponente: Luis Díez-Picazo, FJ 4).

págs. 36-37), quienes coinciden en que el concepto jurídico de las aguas minerales y termales entraría en el ámbito de la legislación básica sobre minería. Así, trayendo a colación la jurisprudencia constitucional recaída, la definición de las aguas minerales y termales formaría parte del «común denominador normativo» perseguido por la Constitución «al conferir a los órganos generales del Estado la competencia exclusiva para establecer las bases de una materia», y quedaría al margen de las facultades de cada comunidad autónoma para, «en defensa de su propio interés, introducir las peculiaridades que estime convenientes dentro del marco competencial que en la materia en cuestión le ha sido asignado».[68]

Por lo tanto, la definición ofrecida por la legislación estatal en materia de minas para las aguas minerales y termales, en cuanto recursos mineros, debería ser asumida por las comunidades autónomas. Además, de otra forma, el legislador autonómico podría, mediante una definición más amplia de las aguas minerales y termales, excluir de la legislación de aguas a un mayor número de aguas, competencia que en absoluto corresponde a las comunidades autónomas, pues, tratándose de cuencas intercomunitarias, estaría asumiendo indebidamente las competencias que el artículo 149.1.22 CE[69] confiere al Estado para la ordenación y gestión de los recursos hídricos.

Existe, no obstante, cierta discrepancia entre ambos autores respecto de los procedimientos para la declaración y explotación de estas aguas. El primero sostiene el carácter básico de los requisitos esenciales de ambos procedimientos, tesis que defiende al amparo de los diferentes títulos competenciales que, como se verá, legitiman la intervención del Estado cuando las aguas minerales y termales se destinen al uso o consumo humano, y que comprendería la emisión de los informes preceptivos y vinculantes de los organismos previstos en la legislación minera.

Sin embargo, la segunda autora defiende que únicamente entrarían dentro del ámbito de la legislación básica estatal los preceptos que regulan la iniciación y garantías de publicidad del procedimiento para declarar unas aguas como minerales y termales, así como los títulos habilitantes para el aprovechamiento de estas aguas, su duración y causas de extinción, todo ello en virtud del artículo 149.1.18 de la CE en materia de legislación básica de contratos y concesiones. Así, al legislador autonómico correspondería, por su parte, fijar los trámites administrativos concretos que ordenan la declaración de mineral o natural de las aguas y su aprovechamiento; determinar la forma concreta de integrar en el proceso de formación de la voluntad de la Administración las consideraciones técnicas para establecer la naturaleza minera o termal de las aguas, la

---

68   STC 227/1988, de 29 de noviembre (FJ 24).

69   En este sentido, hay que recordar lo expuesto en el apartado 2 del capítulo anterior sobre el caso de Castilla-La Mancha, que, a diferencia de las demás comunidades autónomas que han regulado las aguas minerales, difiere de la legislación estatal en lo relativo al concepto jurídico de estas aguas, al incluir, dentro de las aguas minerales, las aguas de manantial, atrayendo así hacia su competencia aguas que deben ser gestionadas por la Administración hidráulica estatal, por cuanto no tienen la naturaleza de aguas minerales y termales, y, además, se encontrarían ubicadas en una cuenca intercomunitaria.

compatibilidad de usos o las apreciaciones de otros órganos administrativos; disponer la forma de muestreo de las aguas y su periodicidad a los efectos de determinación y mantenimiento de la condición mineral o termal y de la calidad; escoger las medidas de protección de las aguas y las formas de control del cumplimiento, fijando, en caso de optar por los perímetros de protección como fórmula de control de la calidad,[70] los usos o actividades compatibles o incompatibles; regular las infracciones y sanciones que correspondan, y determinar los aspectos organizativos al efecto de la puesta en práctica de la actuación administrativa, estableciendo los órganos competentes y, en su caso, los órganos consultivos que se estimen necesarios. Todas ellas cuestiones que, como no podría ser de otra manera, han de ser reguladas con el debido respeto de los principios elementales del ordenamiento estatal y de las normas básicas establecidas en la legislación del Estado sobre minas.

Finalmente, por lo que respecta a la normativa básica sobre minas, cabe referirse al debate sobre el rango de la normativa básica, habida cuenta del desarrollo reglamentario de la LMi llevado a cabo a través del Real Decreto 2857/1978, de 25 de agosto, por el que se aprueba el Reglamento General para el Régimen de la Minería.

Esta polémica cuestión, dadas las diferentes expresiones empleadas por el artículo 149.1 de la CE —bases, normas básicas, legislación básica—, ha sido aclarada por el Tribunal Constitucional, que admitió la regulación reglamentaria de materias básicas cuando dicha regulación resulte de una habilitación legal y su rango reglamentario se justifique por tratarse de materias cuya naturaleza exija un tratamiento para el que las normas legales resulten inadecuadas, esto es, cuando la materia tenga un marcado carácter técnico.[71] En consecuencia, se puede sostener el carácter básico del RMi y, en todo caso, en lo que concierne a aquellas cuestiones señaladas por la doctrina como básicas (Barriobero Martínez, 2006, págs. 146-147).

Asimismo, tiene carácter de normativa básica el Real Decreto 975/2009, de 12 de junio, sobre gestión de los residuos de las industrias extractivas y de protección y rehabilitación del espacio afectado por actividades mineras. Al contrario de lo que ocurría con la LMi y el RMi, esta cuestión fue abordada ya por la propia norma, que, en su disposición final 2.ª, se atribuyó el carácter de normativa básica, con la única excepción del anexo V, en el que se recoge una guía de buenas prácticas para la elaboración de los planes de explotación en la minería del carbón a cielo abierto.

Ahora bien, hay que decir que el RD 975/2009 constituye normativa básica del régimen minero solo en lo que respecta a los preceptos relativos a la rehabilitación de

---

70 *Vid.* apartado 2.1 del capítulo IV para el estudio de la figura de los perímetros de protección de los aprovechamientos de aguas minerales y termales.

71 SSTC 76/1983, de 5 de agosto (Pleno, recursos núm. 311, 313, 314, 315 y 316/1982, ponente: Gloria Begué Cantón, FJ 24), y 77/1985, de 27 de junio (Pleno, recurso núm. 180/1984, ponente: Manuel Díez de Velasco Vallejo, FJ 16).

espacios afectados por actividades mineras.[72] Y es que, sin perjuicio de la remisión que la norma hace al artículo 149.1.25 de la CE —y también al artículo 149.1.11 de la CE sobre legislación básica en materia de seguros—, el título competencial prevalente y en el que se debe enmarcar el RD 975/2009 es el de la legislación básica sobre protección del medio ambiente atribuida al Estado en el artículo 149.1.23 de la CE, tal y como declaró el Tribunal Constitucional en la STC 45/2015, de 5 de marzo.[73]

1.3 Las competencias de las aguas minerales y termales como bienes de consumo humano

Las propiedades beneficiosas para la salud que presentan las aguas minerales y termales son la causa del interés surgido por estas aguas a comienzos del siglo XIX y de que la mayor parte de ellas se hayan destinado, desde entonces, al uso y consumo humano. Esto, a su vez, tiene importantes implicaciones desde el punto de vista competencial, ya que la salud pública pasa a ser un nuevo factor que tener en cuenta en la distribución de competencias y en la regulación de esta materia.

En primer lugar, deben señalarse los artículos 43 y 51 de la CE, que establecen el deber de los poderes públicos de velar por la salud pública y la salud de los consumidores, respectivamente, lo que justifica la intervención de aquellos en todas las operaciones que supongan la expedición al público de las aguas minerales y termales (Barriobero Martínez, 2006, pág. 151).

En línea con lo anterior, el artículo 149.1.16 de la CE otorga al Estado competencia exclusiva para sentar las bases y la coordinación general de la sanidad interior. En ejercicio de esta competencia, el Estado aprobó la Ley 14/1986, de 25 de abril, General de Sanidad, cuyo artículo 40 atribuye al legislador estatal, sin menoscabo de las competencias de las comunidades autónomas, el desarrollo de los requisitos sanitarios contenidos en las reglamentaciones técnico-sanitarias de los alimentos, servicios o productos directa o indirectamente relacionados con el uso y consumo humanos, así como del registro general sanitario de alimentos y de industrias, establecimientos o instalaciones que los producen.

En consecuencia, como las aguas minerales y termales son un producto directamente dirigido al consumo humano, el Estado tiene la competencia para establecer, a través de la correspondiente normativa técnica, los requisitos sanitarios que deben cumplir aquellas, así como para regular el registro sanitario nacional en el que se tendrán que inscribir todas las industrias alimentarias, incluidas las que comercialicen agua mineral natural. Por su parte, a las comunidades autónomas les corresponderá

---

72 Arts. 2, 4, 5, 7, 8, 9, 10, 11, 13, 14, 15, 36, 44, 45 y 46, así como las disposiciones adicionales tercera y cuarta y las disposiciones transitorias segunda y tercera (disposición final segunda, apartado 2).
73 STC 45/2015, de 5 de marzo (Pleno, recurso núm. 7869/2009, ponente: Andrés Ollero Tassara, FJ 3).

la inspección y vigilancia del cumplimiento de los requisitos fijados por el legislador estatal.

Además, el mencionado artículo 146.1.16 de la CE atribuye al Estado competencia exclusiva en materia de sanidad exterior, la cual también se ha visto reflejada en el artículo 40 de la Ley General de Sanidad, concretamente en su apartado 5, de acuerdo con el cual el Estado será el encargado de realizar la inspección y el control de los productos destinados al comercio exterior. En consecuencia, el Estado será el competente para establecer los requisitos en cuanto a la inspección y control de las aguas minerales envasadas objeto de exportación e importación, así como para vigilar su cumplimiento.

A la vista de lo expuesto, puede concluirse que, de acuerdo con el artículo 148.1.10 de la CE, las comunidades autónomas son las competentes para establecer la legislación específica en materia de aguas minerales y termales, si bien dicha competencia autonómica debe ponerse en conexión con los títulos competenciales concurrentes que legitiman la intervención del Estado en la materia y que, en la práctica, condicionan la capacidad normativa autonómica. En particular, debido a la categorización de las aguas minerales y termales como recursos mineros, el legislador autonómico deberá respetar las bases del régimen minero que, de acuerdo con el artículo 149.1.25 de la CE, corresponde fijar al Estado, así como también la normativa básica estatal sobre protección del medio ambiente dictada al amparo del artículo 149.1.23 de la CE, la cual, habida cuenta de los impactos ambientales de las actividades ambientales, reviste una gran importancia en la materia. Además, por lo que respecta a la expedición al público de las aguas minerales y termales, la legislación autonómica deberá ajustarse a lo dispuesto en la normativa técnico-sanitaria que compete establecer al Estado sobre la base de las competencias en materia de sanidad que le son atribuidas en el artículo 149.1.16 de la CE.

2. Marco normativo

Una vez analizado el complejo reparto competencial sobre las aguas minerales y termales, el presente apartado se centra en el análisis del marco jurídico sobre esta materia.

Con esta finalidad, en primer lugar, se analizará la evolución de la normativa aplicable a las aguas minerales y termales desde comienzos del siglo XIX hasta la actualidad, pasando por los primeros reglamentos de baños, el tratamiento dado a estas aguas por las sucesivas disposiciones en materia de agua y de minas, la normativa de carácter técnico-sanitario aplicable a las aguas minerales envasadas y las diferentes normas que han aprobado algunas comunidades autónomas en el ejercicio de sus competencias sobre estas aguas. En segundo lugar, este capítulo se concluirá con una exposición sistematizada del marco legal actual aplicable a las aguas minerales y termales, a fin de facilitar la correcta comprensión de este intrincado panorama normativo de cara a su concreto análisis en los capítulos posteriores.

2.1. Evolución

Comprender las peculiaridades del régimen jurídico de las aguas minerales y termales requiere realizar un repaso previo de la evolución de la normativa producida en este ámbito, objetivo que centrará ahora nuestra atención.

Para ello, partiremos del régimen preconstitucional, desde el Real Decreto de 29 de junio de 1816 hasta la todavía vigente LMi. A este análisis seguirá el estudio del régimen posconstitucional, en el que se abordará la incidencia que la normativa comunitaria ha tenido en la materia, para finalizar con el examen de los diferentes desarrollos autonómicos.

2.1.1. Régimen preconstitucional

La evolución histórica del régimen jurídico de las aguas minerales y termales desde comienzos del siglo xix es, precisamente, la que permite explicar la *a priori* llamativa categorización de estas aguas dentro de los recursos mineros, así como su singular trayectoria en el proceso de distribución constitucional de competencias.

Como explica Barriobero Martínez (2006, págs. 76-123), fueron las especiales características en cuanto a su composición, temperatura y propiedades salutíferas las que despertaron el temprano interés del Estado español por las aguas minerales y termales, y, en particular, por su aplicación con fines terapéuticos, llevándolo a dictar el Real Decreto de 29 de junio de 1816, primera disposición de aplicación general a los manantiales de aguas minerales y termales en España, que dejaba atrás las normas restringidas a establecimientos o manantiales concretos.

Esta norma creó el Cuerpo de Médicos Directores de Establecimientos de Aguas Minerales, a quienes se atribuyeron todas las competencias sobre estas aguas, inicialmente limitadas a su aplicación terapéutica y justificadas en buena lógica por razones de política sanitaria. Sin embargo, los poderes públicos no tardaron en comenzar a preocuparse también por la protección de estas aguas, previéndose ya en los reglamentos de baños de 28 de mayo de 1817 y de 3 de febrero de 1834 la atribución a los médicos directores de competencias como el cuidado y la vigilancia de los manantiales, así como la recopilación de los datos obtenidos acerca de las cualidades de las aguas, competencias que, a todas luces, trascienden del ámbito estrictamente médico.

Ello se explica, en buena medida, por la caótica situación económica que atravesó España durante las primeras décadas del siglo xix, que impedía a la Administración atribuir estas funciones a personal mejor capacitado técnicamente. Pero, a mediados del siglo XIX, precisamente con el objetivo de impulsar el desarrollo económico del país, los poderes públicos encomendaron al Cuerpo de Ingenieros de Minas llevar a cabo estudios del subsuelo del país y elaborar mapas geológicos en los que se detallasen las riquezas subterráneas susceptibles de ser explotadas.

Tras producirse esta primera toma de contacto entre el Cuerpo de Ingenieros de Minas y las aguas minerales, los sucesivos reglamentos orgánicos de este cuerpo irán reconociéndole competencias sobre esta materia, inaugurándose así una situación de duplicidad de competencias entre el Cuerpo de Médicos Directores y el Cuerpo de Ingenieros de Minas que tardará décadas en resolverse, toda vez que esta atribución de competencias en su favor se llevó a cabo con una total falta de coordinación entre el ordenamiento específico de las aguas minerales y termales y el minero.

Por su parte, las disposiciones sectoriales del ámbito minero irán dando cabida a las aguas minerales, siendo el Reglamento Orgánico del Cuerpo de Ingenieros de Minas, aprobado mediante el Real Decreto de 1 de febrero de 1865, la primera norma en la que se mencionan expresamente a raíz de la atribución a este cuerpo del estudio, la inspección y la vigilancia de los manantiales de aguas minerales. Poco después, el Decreto de 29 de diciembre de 1868 aceptará el dominio público sobre los recursos mineros, incluidos los de la tercera sección, lo que suponía que las aguas subterráneas eran de dominio público, criterio confirmado por la Orden de 30 de marzo de 1872.

Lo anterior, hay que señalar, suponía una contradicción con la legislación en materia de aguas vigente en aquel momento, la Ley de Aguas de 1866, la cual, frente al carácter de dominio público de las aguas corrientes, sujetas a autorización real desde la Real Orden de 14 de marzo de 1846, mantenía el carácter privado de las aguas alumbradas en los terrenos de dominio particular, tal y como había matizado la Real Orden de 21 de agosto de 1849. No obstante, ya la Real Orden de 1876 aclaró que el citado Decreto de 1868 no podía afectar a la propiedad adquirida al amparo de toda la legislación anterior de aguas, llegando a la conclusión de que el Decreto 1868 y la Orden de 1872 solo pudieron referirse a las aguas subterráneas ubicadas en terrenos del Estado.

Poco después, llegará la Ley de Aguas de 13 de junio de 1879, cuya vigencia perdurará durante más de un siglo —hasta la Ley 29/1985, de 2 de agosto, de Aguas, que será analizada en el siguiente apartado—. Esta norma, como señaló Pérez Pérez (1992, págs. 183-202), regulará, una vez superadas las contradicciones entre las legislaciones minera y de aguas, la titularidad privada de las aguas minerales y mineromedicinales, conjugándola con el sistema concesional y debiendo limitarse la Administración a ejercer la vigilancia necesaria para que no puedan afectar a la salubridad pública ni a la seguridad de las personas y los bienes.

Paralelamente, el Cuerpo de Ingenieros de Minas irá viendo consolidadas y reforzadas sus competencias sobre las aguas minerales, destacando el Reglamento de

Policía Minera de 1910 por su mayor nivel de atribuciones, mientras que el Cuerpo de Médicos Directores, por su parte, irá perdiendo fuerza. Así, los sucesivos reglamentos de baños —de 11 de marzo de 1868, 15 de marzo de 1869, 26 de septiembre de 1871 y 12 de mayo de 1874— irán liberalizando la asistencia médica de los establecimientos balnearios y dando entrada a los ingenieros de minas en ciertos aspectos sobre los manantiales de aguas minerales, hasta el declive de los médicos directores con la última norma estatal de carácter general dictada a propósito de los manantiales de aguas minerales, el Estatuto sobre la explotación de manantiales de aguas minero-medicinales de 1928, aprobado por Real Decreto Ley de 25 de abril, y la extinción definitiva de este cuerpo a través de la Orden de 22 de julio de 1933.

De este modo, se puso fin a la dualidad competencial que había existido desde mediados del siglo xix entre el Cuerpo de Médicos Directores y el Cuerpo de Ingenieros de Minas, lo que dejó abierta la vía para que este último cuerpo pudiera adquirir mayores competencias en todo lo relativo a la inspección y vigilancia de los manantiales de aguas minerales, circunstancia que facilitó la inserción progresiva de las aguas minerales y termales en el ordenamiento jurídico minero.

Así, la normativa sectorial minera, que iba dando pasos hacia la integración de las aguas minerales y termales en este ordenamiento, experimentará su punto culminante con la Ley, de 19 de julio de 1944, de Minas, primera norma que considera las aguas minerales como recursos mineros, integrándolas en la sección B, sobre minerales. Se trata, por lo tanto, de uno de los principales hitos normativos en la evolución del régimen jurídico de estas aguas, en particular, y de la minería, en general, por cuanto supuso una ruptura con la legislación liberal anterior, establecida por las bases generales para la legislación de minas de 1868, al haber calificado en su artículo 1 las sustancias minerales como «bienes de la Nación», línea publicista que mantendrá su sucesora de 1973 en su artículo 2.1, si bien cambiando ya la terminología empleada por la de «bienes de dominio público» (De Arcenegui Fernández, 1975, págs. 128-129).

No obstante, es a partir de la vigente LMi cuando queda claro que las aguas minerales y termales constituyen una categoría específica dentro de las sustancias minerales que componen la sección B, al recogerse ya de forma autónoma y diferenciada de los minerales metálicos, y al establecerse disposiciones detalladas sobre el procedimiento para la declaración de la condición de mineral o termal de unas aguas y la autorización de su aprovechamiento.

Finalmente, debe señalarse el fuerte crecimiento que experimentó el consumo de aguas minerales envasadas a partir de la segunda mitad del siglo xx, circunstancia que obligó a los poderes públicos a iniciar una regulación cada vez más detallada de esta actividad. Así, mediante el Decreto 2484/1967, de 21 de septiembre, se aprobó el Código Alimentario Español, nacido como consecuencia del interés de la OMS y la FAO en que los distintos Gobiernos llevasen a cabo estudios técnicos sanitarios sobre las condiciones que han de reunir los alimentos destinados al consumo humano. Esta norma se completó con el Decreto 3069/1972, de 26 de octubre, por el que se regulan las aguas de bebida envasadas, y el Decreto 607/1975, de 13 de marzo, por el que se regulan las especificaciones microbiológicas a las que han de ajustarse las aguas mineromedicinales envasadas. Fue la sección 2.ª del capítulo XXVII del Código Alimentario Español la que abordó la regulación de las aguas minerales y las aguas de mesa, introduciendo una importante novedad relativa a los requisitos específicos de composición química y temperatura exigidos para la clasificación de estas aguas, ignorados por completo hasta ese momento por su regulación sectorial. Por su parte, en contraposición a esta tendencia al alza del consumo de aguas minerales envasadas, el empleo de estas aguas en forma de baños fue decayendo paulatinamente y siguió rigiéndose por el citado Estatuto de 1928.

2.1.2 Régimen posconstitucional

La legislación minera ha permanecido prácticamente inalterada desde la aprobación de la LMi en 1973 hasta la actualidad, siendo este el régimen que desde entonces ha definido —y define— las bases de la minería en nuestro país.

Sin embargo, no fue este el caso de la legislación sobre aguas minerales naturales ni el de la legislación sobre aguas, entendidas en un sentido amplio, cuyos respectivos desarrollos mantuvieron la tendencia al alza, especialmente a partir de la entrada de España en las Comunidades Europeas en el año 1986, debido a la fuerte incidencia de la legislación comunitaria en estas materias.

Por ello, en este apartado se analizará la evolución de ambos regímenes jurídicos desde la aprobación de la Carta Magna hasta la actualidad, así como los diferentes desarrollos normativos que aprobaron algunas comunidades autónomas en ejercicio de las competencias que la Constitución les atribuyó en el artículo 148.1.10 y que pronto asumieron a través de sus primeros estatutos de autonomía.

A. La evolución del régimen jurídico de las aguas minerales envasadas

Después del Real Decreto 2119/1981, de 24 de julio, por el que se aprueba la Reglamentación Técnico-Sanitaria para la elaboración, circulación y comercio de las aguas de bebida envasadas, que derogó los Decretos 607/1975, excepto su anexo I, y 3069/1972, llegó el Real Decreto 1164/1991, de 22 de julio, por el que se aprueba la Reglamentación Técnico-Sanitaria para la elaboración, circulación y comercio de las aguas de bebida envasadas.[74] Esta norma traspuso a nuestro ordenamiento jurídico, de manera conjunta, las directivas 80/777/CEE y 80/778/CEE, del Consejo, de 15 de

---

74 Este real decreto se dictó al amparo de las competencias del Estado recogidas en los artículos 149.1.10 y 149.1.16 de la CE en materia de comercio exterior, y de sanidad exterior y bases y coordinación general de la sanidad, respectivamente (disposición adicional).

julio de 1980, relativas a la aproximación de las legislaciones de los Estados Miembros sobre explotación y comercialización de aguas minerales naturales, y a la calidad de las aguas destinadas al consumo humano, respectivamente.

La importancia del RD 1164/1991 es enorme, pues supuso la modernización de nuestro ordenamiento jurídico en la materia. Por una parte, introdujo una nueva regulación para las aguas minerales envasadas, que pasaron de la tradicional denominación de aguas minero-medicinales a la de aguas minerales naturales. Y, por otra, fijó por primera vez unos requisitos físico-químicos para el reconocimiento de unas aguas como minerales naturales y reguló las condiciones de envasado, etiquetado y comercialización. Además, permitió la adaptación de algunos requisitos procedimentales de la legislación minera al actual régimen de distribución de competencias entre Estado y comunidades autónomas, al establecer en su artículo 19.1.1 que la solicitud para el reconocimiento de las aguas minerales naturales se debe presentar ante la autoridad competente de la comunidad autónoma correspondiente.

Un momento trascendental para el RD 1164/1991, en particular, y para el régimen de las aguas minerales envasadas, en general, tuvo lugar cuando fue modificado por el Real Decreto 781/1998, de 30 de abril.[75] A través de esta norma, se traspuso a España la Directiva 96/70/CE, de 28 de octubre de 1996, que modificaba la Directiva 80/777 e incorporaba en su contenido las aguas de manantial, incorporación que en España se llevó a cabo sin la debida clarificación del régimen jurídico aplicable a estas aguas, equiparándose con el de las aguas minerales en muchos ordenamientos autonómicos, aun cuando las aguas de manantial no tienen el carácter de aguas minerales.

Meses después de esta modificación del RD 1164/1991, se aprobará una nueva directiva relativa a la calidad de las aguas destinadas al consumo humano, la Directiva 98/83/CE, de 3 de noviembre de 1998, cuya trasposición se llevó a cabo a través del Real Decreto 140/2003, de 7 de febrero, por el que se establecen los criterios sanitarios de la calidad del agua de consumo humano,[76] y, parcialmente, a través del Real Decreto 1074/2002, de 18 de octubre,[77] por el que se regula el proceso de elaboración, circulación y comercio de las aguas de bebida envasadas, que derogó el RD 1164/1991. A partir de entonces, España contará con dos normas diferenciadas en materia de calidad del agua de consumo humano y en materia de aguas de bebida envasadas.

La nueva reglamentación técnico-sanitaria en materia de aguas de bebida envasadas de 2002 recogerá las condiciones de las industrias, el personal y los materiales

---

75 Igualmente, este real decreto se dictó al amparo de las competencias del Estado recogidas en el artículo 149.1.10 y 149.1.16 de la CE (disposición adicional única).

76 La disposición final segunda de esta norma reconoce su carácter básico al amparo de lo dispuesto en el artículo 149.1.16 de la CE.

77 El RD 1074/2002 tiene carácter de normativa básica conforme a lo establecido en los artículos 149.1.16 y 149.1.10 de la CE (disposición final primera).

empleados en el proceso de envasado de las aguas;[78] los requisitos de los procesos de envasado de las aguas de bebida, así como de los envases utilizados en estos;[79] los requisitos de la distribución y venta de las aguas de bebida envasadas, en general, y de las aguas minerales naturales, en particular;[80] la relación de operaciones a las que pueden someterse las aguas minerales naturales durante su proceso de envasado;[81] y los requisitos relativos al etiquetado y la publicidad.[82]

También del periodo de vigencia del RD 1074/2002 puede destacarse una modificación importante, la efectuada por el Real Decreto 1744/2003, de 19 de diciembre,[83] a través del cual se traspuso la Directiva 2003/40/CE de la Comisión, de 16 de mayo de 2003, por la que se fija la lista, los límites de concentración y las indicaciones de etiquetado para los componentes de las aguas minerales naturales, así como las condiciones de utilización del aire enriquecido con ozono para el tratamiento de las aguas minerales naturales y de las aguas de manantial, norma dictada sobre la base de lo previsto en el artículo 11 de la Directiva 80/777 con la finalidad de garantizar la salud pública.

Décadas después de su aprobación, la Directiva 80/777 quedará derogada por la Directiva 2009/54/CE del Parlamento Europeo y del Consejo, de 18 de junio de 2009, sobre explotación y comercialización de aguas minerales naturales (versión refundida). Al cabo de poco más de un año, también el RD 1074/2002 quedará derogado por los vigentes reales decretos 1798 y 1799/2010, de 30 de diciembre,[84] por los que se regulan la explotación y comercialización de aguas minerales naturales y aguas de manantial envasadas para consumo humano, y de aguas preparadas envasadas para el consumo humano, respectivamente. Sin embargo, estas dos normas no llevan a cabo la trasposición de ninguna nueva directiva comunitaria en la materia al ordenamiento jurídico español, sino que obedecen a la conveniencia de regular en dos normas independientes estas categorías de aguas, hasta entonces reguladas de forma conjunta, así como de incorporar determinados aspectos previstos por la nueva legislación en materia de higiene de alimentos y de materiales aptos para entrar en contacto con los alimentos.

Para finalizar, cabe destacar la última reforma operada en la materia, que trae causa de la Directiva (UE) 2020/2184 del Parlamento Europeo y del Consejo, de 16

---

78 Arts. 3-5 del RD 1074/2002.

79 Art. 6 del RD 1074/2002.

80 Arts. 7-9 del RD 1074/2002.

81 Arts. 19-20 del RD 1074/2002.

82 Arts. 21-22 del RD 1074/2002.

83 Esta norma reconoce expresamente su carácter básico al amparo de los artículos 149.1.10 y 149.1.16 de la CE.

84 En el caso del RD 1798/2010, el fundamento competencial se encuentra en el artículo 149.1.16 de la CE, a excepción del artículo 3.1 y la disposición final primera, que se dictan al amparo de lo establecido en el artículo 149.1.25 de la CE (disposición final segunda). El RD 1799/2010, por su parte, reconoce su carácter básico al amparo del artículo 149.1.16 de la CE.

de diciembre de 2020, relativa a la calidad de las aguas destinadas al consumo humano, incorporada al ordenamiento jurídico español —en lo que se refiere a las aguas de manantial y las aguas preparadas envasadas para el consumo humano— mediante el Real Decreto 2/2023, de 10 de enero,[85] por el que se modifican los reales decretos 1798 y 2799/2010, de 30 de diciembre; y mediante el Real Decreto 3/2023, de 10 de enero, por el que se establecen los criterios técnico-sanitarios de la calidad del agua de consumo, su control y suministro,[86] que deroga el anteriormente citado Real Decreto 140/2003, de 7 de febrero.

A la vista de lo expuesto, debe subrayarse el papel del derecho de la Unión Europea en la modernización del régimen jurídico de las aguas minerales y termales en España y, concretamente, de la regulación de las aguas minerales naturales. La entrada de España en las Comunidades Europeas en 1986 permitió que, de 1991 en adelante, el ordenamiento jurídico español contemplase los parámetros físico-químicos que deben reunir estas aguas y las condiciones de envasado, etiquetado, distribución y venta para poder comercializarse en el territorio de la Unión Europea. Además, las sucesivas modificaciones del derecho de la Unión Europea —si bien no se puede olvidar que, en el caso de la Directiva 96/70/CE, de 28 de octubre de 1996, dio lugar a confusión en España con respecto al régimen aplicable a las aguas de manantial— han servido para mantener actualizada la normativa aplicable a estas aguas conforme a los avances científicos, garantizando así la adecuada caracterización de estas aguas y su consumo seguro por parte de los ciudadanos españoles y europeos.

B. La evolución del régimen jurídico de las aguas

Como ya se señaló, atendiendo al reparto constitucional de competencias en materia de aguas minerales y termales, el legislador optó, en un primer momento, por excluir completamente estas aguas del ámbito de aplicación de la Ley 29/1985, de 2 de agosto, de Aguas, que sustituyó a la Ley de Aguas de 1879 y cuyo desarrollo reglamentario se llevó a cabo mediante el Real Decreto 849/1986, de 11 de abril, por el que se aprueba el Reglamento del Dominio Público Hidráulico.

La nueva ley de aguas introdujo de forma pionera el principio de *unidad de ciclo hidrológico*, en virtud del cual todas las aguas, con independencia de la forma en que se manifiesten en la naturaleza, constituyen un recurso unitario, queriendo con ello decirse que todas las aguas están interrelacionadas entre sí, de tal manera que las actuaciones que se lleven a cabo sobre las aguas superficiales necesariamente van a incidir sobre las aguas subterráneas, y viceversa. Derivado de este principio, la Ley de Aguas de 1985 asumió otro principio fundamental, el de *unidad de gestión*, adoptan-

---

85 Tal y como proclama en su exposición de motivos, esta norma se dicta al amparo de lo dispuesto en el artículo 149.1.16 de la CE.

86 Adviértase que el artículo 3.2, letra a), de esta norma excluye expresamente de su ámbito de aplicación todas las aguas que se rijan por el RD 1798/2010.

do expresamente el concepto de *cuencas hidrográficas* como unidad indivisible para la gestión de los recursos hídricos,[87] siendo el alcance geográfico de la cuenca «el criterio delimitador definitivo de las competencias entre Estado y Comunidades Autónomas en materia de aguas» (Fanlo Loras, 2010, pág. 319), de tal forma que, como hemos visto, corresponde a la Administración General del Estado, a través de las confederaciones hidrográficas, la gestión de las cuencas intercomunitarias, y, a las comunidades autónomas, a través de los organismos de cuenca autonómicos, la gestión de las cuencas internas, si asumen tal competencia, respetando, en todo caso, la legislación básica del Estado en la materia.[88]

Sin embargo, al disponer en su artículo 1.4 que «las aguas minerales y termales se regularán por su legislación específica», la nueva ley de aguas aisló la gestión de las aguas minerales y termales de la del resto de las aguas, quebrantando así el principio de unidad de ciclo hidrológico, cuando lo cierto es que, como se vio en el primer capítulo, la práctica totalidad de las aguas minerales y termales también forman parte del ciclo hidrológico, toda vez que estas proceden, ya sea total o parcialmente, de aguas superficiales que, antes de infiltrarse en el subsuelo, ya se integraban en este ciclo.

Así pues, como consecuencia de su exclusión del ámbito de aplicación de la Ley de Aguas de 1985, las aguas minerales y termales quedaron al margen de la gestión unitaria por cuencas hidrográficas, recayendo las competencias sobre estas aguas no en los organismos de cuenca, estatales o autonómicos, según el caso, sino en las comunidades autónomas donde radicasen.[89] Ello, concluye Barriobero Martínez (2006, págs. 176-183), impide alcanzar la más eficiente gestión del conjunto de los recursos hídricos y, por lo que respecta a las aguas minerales y termales, en particular, supone un serio inconveniente para su protección adecuada, habida cuenta de su especial vulnerabilidad y de que las actuaciones llevadas a cabo sobre los demás recursos hídricos pueden afectarlas cuantitativa y cualitativamente, haciendo necesarios mecanismos de protección y de coordinación entre las Administraciones implicadas. Y es que, como afirma Fanlo Loras (2010, pág. 321), «sólo la gestión unitaria de la cuenca hidrográfica asegura la administración equilibrada, íntegra y global de los intereses que concurren en la multiplicidad de aprovechamientos existentes en la cuenca, que resultarían perjudicados si la gestión se realizase de acuerdo con criterios territoriales basados en

---

87 Arts. 13 y 14 de la Ley de Aguas de 1985, actuales arts. 14 y 16 del TRLA.

88 Concluye el autor citado que la Ley de Aguas de 1985 estableció un «marco competencial coherente con la literalidad del texto constitucional», refiriéndose al criterio estrictamente geográfico empleado por el artículo 149.1.22 de la CE, a pesar de las propuestas realizadas por el senador Lorenzo Martín-Retortillo de establecer el reparto competencial entre el Estado y las comunidades autónomas en materia de aguas sobre la base de la distinción entre *recursos hídricos*, cuya competencia recaería sobre el Estado, y *obras hidráulicas y sus aprovechamientos*, en beneficio de las comunidades autónomas.

89 Hay que tener en cuenta que aquellas comunidades autónomas que han regulado la organización administrativa encargada de ejercer sus competencias sobre las aguas minerales y termales no las han encomendado a los organismos de cuenca autonómicos, sino a otros órganos administrativos relacionados con las materias de industria y minas.

las unidades políticas y administrativas basadas en la cuenca. El principio de unidad de gestión de la cuenca hidrográfica es incompatible con el de pluralidad de gestores, siempre que utilicemos con propiedad las categorías y nos refiramos a la administración del agua en sentido estricto, que incluye los actos de disposición del recurso, los de policía de los aprovechamientos y los de protección del recurso, facultades todas ellas que, en las cuencas intercomunitarias, son competencia de las Confederaciones Hidrográficas, en los términos delimitados por la jurisprudencia constitucional».

Siguiendo con el análisis de la Ley de Aguas de 1985, otra de las principales novedades que introdujo esta norma respecto de su predecesora, junto con la incorporación de los principios de unidad de ciclo hidrológico y de unidad de gestión por cuencas hidrográficas y la demanialización de la práctica totalidad de los recursos hídricos continentales, fue la planificación hidrológica. El objetivo de esta nueva figura era alcanzar una gestión óptima de los recursos hídricos y, a tal fin, se contemplaron dos instrumentos: el Plan Hidrológico Nacional, para la coordinación de las distintas políticas hidráulicas de las diversas cuencas, y los planes hidrológicos de cuenca, para la ordenación de los recursos hidrológicos existentes en cada cuenca. Sin embargo, de nuevo, las aguas minerales y termales se vieron totalmente marginadas de estos dos instrumentos de planificación previstos para el resto de los recursos hídricos, circunstancia que vuelve a poner de manifiesto la necesidad de prever mecanismos para coordinar las actuaciones de las Administraciones autonómicas encargadas de gestionar las aguas minerales y termales, y de los organismos de cuenca, a fin de evitar posibles interferencias entre los recursos hídricos colindantes.

Ahora bien, debe destacarse que, a finales del siglo pasado, la Ley de Aguas de 1985 fue objeto de reforma por la Ley 46/1999, de 13 de diciembre, que, entre otros aspectos, trató de impulsar la cooperación interadministrativa en materia de aguas con el objetivo de minimizar el alcance de los posibles conflictos competenciales que pudieran darse entre los organismos de cuenca y las comunidades autónomas. Así, a la participación de las comunidades autónomas en los órganos de gobierno de las confederaciones hidrográficas —medio más directo y eficaz para integrar en la política de gestión del agua los títulos sectoriales autonómicos, tales como la ordenación del territorio y el urbanismo, la pesca fluvial o el medio ambiente, pero entre los que no se encuentran las competencias sobre las aguas minerales y termales—, se añaden otros dos mecanismos que pueden servir como una forma de colaboración entre ambas Administraciones respecto de las competencias autonómicas sobre las aguas minerales y termales. En primer lugar, se estableció la posibilidad de que los organismos de cuenca celebren convenios de colaboración con las comunidades autónomas, las Administraciones locales y las comunidades de usuarios «para el ejercicio de sus respectivas competencias». Y, en segundo lugar —si bien este otro mecanismo ya estaba en parte contemplado por el RDPH—, se contempló la necesidad de emisión de informes preceptivos y no vinculantes por parte de las comunidades autónomas en el marco de los expedientes que tramiten los organismos de cuenca sobre la utilización y el aprovechamiento del dominio público hidráulico, de tal forma que puedan manifestar todo aquello que estimen oportuno respecto de materias de su competencia, y también por parte de las confederaciones hidrográficas cuando los actos y planes autonómicos afecten al régimen, aprovechamiento y uso respecto del dominio público hidráulico.

Al poco tiempo, con la entrada del nuevo siglo, llegó la Directiva 2000/60/CE del Parlamento Europeo y del Consejo, de 23 de octubre de 2000, por la que se establece un marco comunitario de actuación en el ámbito de la política de aguas.[90] Como explica Álvarez Carreño (2009, págs. 118-121), esta directiva incorporó instrumentos novedosos en el ámbito comunitario con el objetivo principal de alcanzar el buen estado ecológico del agua, y su trasposición al ordenamiento jurídico español, operada ya sobre la versión refundida de la Ley de Aguas, adoptada mediante el vigente Real Decreto Legislativo 1/2001, de 20 de julio, por el que se aprueba el texto refundido de la Ley de Aguas, supuso un antes y un después en el régimen jurídico de las aguas minerales y termales en España.

La reforma de la normativa española sobre aguas se llevó a cabo a través de la Ley 62/2003, de 30 de diciembre, y del Real Decreto 606/2003, de 23 de mayo, por lo que respecta al RDPH. Mediante esta reforma se matizó la exclusión total de las aguas minerales y termales del ámbito de aplicación de la legislación de aguas, al modificarse el apartado 4 del artículo 1 del TRLA, que pasó a ser el 5, para añadirse a la remisión a la legislación específica de las aguas minerales y termales el inciso «sin perjuicio de la aplicación de lo dispuesto en el apartado 2», a cuyo tenor «es también objeto de esta ley el establecimiento de las normas básicas de protección de las aguas continentales, costeras y de transición, sin perjuicio de su calificación jurídica y de la legislación específica que les sea de aplicación». De esta forma, a partir de 2003, las aguas minerales y termales también se verán beneficiadas por los instrumentos generales de protección de las aguas regulados en el artículo 92 y siguientes del TRLA, que pasarán a formar parte de su legislación básica, condicionando, en cierto modo, el ejercicio de las competencias autonómicas sobre estas aguas, sin perjuicio de que sigan fuera del sistema de gestión por cuencas hidrográficas y de la planificación hidrológica.

Además, la Ley 62/2003 reguló *ex novo* el artículo 99 bis, que introdujo la necesidad de contar con un Registro de Zonas Protegidas para cada demarcación hidrográfica en el que se debían incluir las zonas enumeradas en dicho artículo, entre las que se recogieron los «perímetros de protección de aguas minerales y termales aprobados de

---

90   Para profundizar en el estudio de la Directiva Marco de Aguas y las novedades que introdujo, pueden verse las siguientes obras: Moral Ituarte, Leandro del (2003). *La directiva marco del agua. Realidades y futuros.* Fundación Nueva Cultura del Agua, con la colaboración de la Institución «Fernando el Católico» de la Diputación de Zaragoza, Universidad de Zaragoza, Junta de Andalucía; y Álvarez Carreño, Santiago M. (2003). *La aplicación en España de la Directiva Europea Marco de Aguas.* ECOIURUS, Las Rozas.

acuerdo con su legislación específica».[91] Años más tarde, en 2007, esta previsión se vio reflejada en los instrumentos de planificación cuando el Real Decreto 907/2007, de 6 de julio, por el que se aprueba el Reglamento de la Planificación Hidrológica, recogió la necesidad de incorporar en los planes hidrológicos de cuenca un resumen del Registro de Zonas Protegidas, en el que, como hemos visto, debían figurar los perímetros de protección de aguas minerales y termales.[92] De este modo, se dio una solución parcial al riesgo de descoordinación interadministrativa que podría obstaculizar la protección adecuada de estas aguas, y que obedecía a su marginación total de los instrumentos de planificación, los cuales, gracias a los cambios normativos de 2003 y 2007, ya no pueden desconocer los perímetros aprobados por las Administraciones autonómicas para la protección de los aprovechamientos de las aguas minerales y termales.

C. Los desarrollos normativos autonómicos

Como se vio anteriormente, todas las comunidades autónomas asumieron, a través de sus respectivos estatutos de autonomía, las competencias sobre las aguas minerales y termales que les fueron atribuidas por el artículo 148.1.10 de la CE. Sin embargo, llama la atención que tan solo cinco —Cantabria, Castilla-La Mancha, Cataluña, Extremadura y Galicia— hayan hecho uso de su capacidad legislativa, aprobando, aunque con un grado desigual de intensidad, normativa sobre aguas minerales y termales, incluyendo también en algún caso disposiciones relativas a los establecimientos balnearios en los que se emplean estas aguas, aduciendo razones de salud pública y el potencial desarrollo económico y social que tiene el aprovechamiento de estos recursos.[93] Antes de proceder a la exposición de estas normativas autonómicas, hay que decir que, con la salvedad de Cataluña, todas ellas permanecen vigentes.

Cantabria fue la primera comunidad autónoma que dictó normativa en materia de aguas minerales y termales: la Ley 2/1988, de 26 de octubre, de fomento, ordenación y aprovechamiento de los balnearios y de las aguas mineromedicinales y/o termales de Cantabria, desarrollada por el Decreto 28/1990, de 30 de mayo, por el que se aprueba el Reglamento de Fomento, Ordenación y Aprovechamiento de los Balnearios y de las Aguas Minero-Medicinales y/o Termales. Esta normativa no hace referencia a las aguas minero-industriales y tampoco al envasado de aguas minerales, y regula

---

91   *Vid.* apartado 2.1 del capítulo IV para el estudio de la figura de los perímetros de protección de los aprovechamientos de aguas minerales y termales.

92   Art. 24.2.h) del Reglamento de la Planificación Hidrológica.

93   Aunque omite cualquier regulación del régimen jurídico de las aguas minerales y termales, hay que advertir que en la Región de Murcia se aprobó el Decreto 55/1997, de 11 de julio, sobre condiciones sanitarias de Balnearios, Baños Termales y Establecimientos de Talasoterapia y de aplicación de Peloides, centrado, como su propio nombre indica, en la regulación de los requisitos sanitarios aplicables a esta variedad de establecimientos existentes en esta comunidad autónoma y en los cuales pueden aplicarse aguas minerales y termales. También Cataluña desarrolló normativa técnico-sanitaria propia en materia de establecimientos balnearios, primero mediante el Decreto 262/1990 y después mediante el vigente Decreto 271/2001, de 9 de octubre, por el que se establecen los requisitos técnico-sanitarios que deben cumplir los servicios de balneoterapia y de hidroterapia.

solo algunos aspectos del régimen jurídico de las aguas minero-medicinales, siguiendo muy de cerca los contenidos de la normativa estatal, a la que se remite expresamente en algunos casos, y centrando sus mayores esfuerzos en regular los establecimientos balnearios y las instalaciones hoteleras situados en ellos.

Al cabo de dos años, Castilla-La Mancha aprobó la Ley 8/1990, de 28 de diciembre, de Aguas Minerales y Termales de Castilla-La Mancha, desarrollada mediante el Decreto 4/1995, de 31 de enero. Estas disposiciones se centran en la regulación de aspectos que afectan directamente al régimen jurídico de las aguas minerales y termales, pero incorporan o suprimen, respecto de lo previsto en la normativa nacional, algunos requisitos en los procedimientos para la declaración de la condición de minerales de las aguas y para la autorización de aprovechamiento. A ello hay que añadir dos aspectos mucho más polémicos: la declaración de la naturaleza demanial de estas aguas, por un lado, y la inclusión de las aguas de manantial dentro de la clasificación de las aguas minerales, por otro, dos cuestiones para las que, como se ha expuesto, las comunidades autónomas carecen de competencia.

Cataluña fue la tercera en aprobar normativa propia en materia de aguas minerales y termales, y lo hizo a través del Decreto 307/1994, de 16 de noviembre, sobre competencias y procedimiento a seguir para la declaración y autorización del aprovechamiento de aguas minero-medicinales, minerales naturales, de manantial y termales a efectos de su comercialización como agua de bebida envasada. Esta norma, con tan solo siete artículos, se aprobó con el único fin de regular la declaración y autorización de aprovechamiento de las aguas minerales y termales, así como de las aguas de manantial, a los efectos de su comercialización como agua de bebida envasada. No incorporó grandes novedades respecto de la normativa estatal más allá de la previa acomodación de las atribuciones competenciales previstas en la normativa estatal a su propia organización autonómica. No obstante, destacó por establecer medios para coordinar los aprovechamientos de las aguas minerales y termales y las aguas comunes en el interior de los perímetros de protección.

Sin embargo, el Decreto 307/1994, de 16 de noviembre, no se encuentra en vigor, ya que fue dejado sin efecto por la Sentencia 10728/1998, de 26 de noviembre, del Tribunal Superior de Justicia de Cataluña, que estimó el recurso interpuesto por la Comisión Gestora de la Comunidad General de Usuarios de Aguas Superficiales y Subterráneas de la Riera de Arbúcies contra la Generalitat de Cataluña y declaró la nulidad del decreto catalán por no haberse dado el trámite de información pública y audiencia al interesado y no haberse sometido el proyecto al dictamen preceptivo de la Comisión Jurídica Asesora, omisiones que, sin éxito, la Administración demandada trató de justificar alegando que se trataba de un reglamento interno, independiente y no ejecutivo.[94]

---

94 STSJ de Cataluña 10728/1998, de 26 de noviembre (Sala de lo Contencioso-administrativo, recurso núm. 211/1995, ponente: Eduardo Barrachina Juan).

En cuarto lugar, Extremadura adoptó la Ley 6/1994, de 24 de noviembre, de de Balnearios y de Aguas Minero-Medicinales y/o Termales., centrada en el aprovechamiento de las aguas minero-medicinales y/o termales, por un lado, y en la regulación, aunque de forma escueta, de los establecimientos balnearios y de la Junta Asesora de Balnearios y Aguas Minero-medicinales y/o Termales, por otro, omitiendo totalmente la regulación de las aguas minero-industriales y del envasado de estas aguas.

Finalmente, Galicia fue la última comunidad autónoma en desarrollar normativa sobre aguas minerales y termales: la Ley 5/1995, de 7 de junio, de regulación de las aguas minerales, termales, de manantial y de los establecimientos balnearios de la Comunidad Autónoma Galicia, desarrollada por el Decreto 402/1996, de 31 de octubre, por el que se aprueba el Reglamento de aprovechamiento de aguas minero-medicinales, termales y de los establecimientos balnearios de la Comunidad Autónoma de Galicia. Esta normativa, que, sin duda, es la más completa de todos los desarrollos autonómicos en la materia, ofrece una regulación pormenorizada de los procedimientos para la declaración de la condición de mineral de unas aguas y para otorgar su aprovechamiento, y prevé una regulación especialmente detallada de los perímetros de protección. Por lo que respecta a los establecimientos balnearios, la normativa gallega los considera como establecimientos sanitarios, remitiéndose a la legislación sanitaria.

2.2 Marco jurídico actual

El estudio de la evolución de la normativa de las aguas minerales y termales explica la incardinación de estos recursos en la legislación estatal sobre minas de 1944, primero, y de 1973, después. Ello explica, a su vez, que el constituyente optase por regular las competencias sobre estas aguas separadas de las competencias sobre los demás recursos hídricos y que, en consecuencia, el legislador estatal las excluyera de la legislación en materia de aguas, quedando al margen del principio de gestión basado en cuencas hidrográficas, con los problemas, tanto de índole competencial como para la adecuada protección de estos recursos, que ello conlleva.

La competencia sobre las aguas minerales y termales, como hemos visto, se atribuyó de manera irrefutable a las comunidades autónomas mediante el artículo 148.1.10 de la CE, competencia que, no obstante, debe ejercitarse respetando los títulos concurrentes del Estado, que son, fundamentalmente, los previstos en los artículos 149.1.25 y 16 de la CE, que facultan al Estado para sentar las bases de la minería y para desarrollar las condiciones técnico-sanitarias que rigen estas aguas cuando se destinen al consumo humano, respectivamente. Ahora bien, aunque todas las comunidades autónomas asumieron, desde un primer momento, las competencias sobre aguas minerales y termales, son solamente cuatro las que, en la actualidad, cuentan con normativa propia sobre la materia.

Este peculiar marco jurídico que hoy regula las aguas minerales y termales en España, resultante de una evolución histórica iniciada a comienzos del siglo XIX, puede, a la vista de lo expuesto en los apartados precedentes, sintetizarse y organizarse en torno a cuatro grandes bloques.

En primer lugar, debe mencionarse la legislación de minas, conformada por la LMi, el RMi y el RD 975/2009,[95] normativa de aplicación en las comunidades autónomas que no han aprobado legislación propia —que, como hemos visto, son la mayoría— y, con carácter subsidiario, en aquellas que sí tienen normativa autonómica sobre aguas minerales y termales, las cuales, en todo caso, deberán respetar las disposiciones de carácter básico previstas en la legislación minera del Estado, que, por lo que respecta a la LMi y el RMi, serán las que se deduzcan racionalmente de su contenido, al no haber sido aclarado en sede constitucional qué preceptos concretos de estas dos normas constituyen normativa básica.

En segundo lugar, por lo que respecta a la normativa en materia de aguas, tras la reforma de la Ley 62/2003, de 30 de diciembre, también resultan de aplicación a las aguas minerales y termales las normas básicas de protección de las aguas previstas en el TRLA y el RDPH, debiendo tenerse en cuenta, además, la previsión del Real Decreto 907/2007, de 6 de julio, por el que se aprueba el Reglamento de la Planificación Hidrológica, relativa a la necesidad de que los planes hidrológicos de cuenca incluyan un resumen del Registro de Zonas Protegidas, en el que deben figurar los perímetros de protección de aguas minerales y termales.

En tercer lugar, se encuentran las reglamentaciones técnico-sanitarias aplicables a las aguas minerales y termales destinadas al consumo humano. Habrá que distinguir, por un lado, el RD 1798/2010, de 30 de diciembre, de aplicación a las aguas minerales naturales, y, por otro lado, la normativa técnico-sanitaria aplicable a las aguas minero-medicinales utilizadas en forma de baños en los establecimientos balnearios, la cual, a día de hoy, sigue encontrándose en el Estatuto de 1928, única norma de aplicación general en España en esta materia.

Finalmente, el cuarto y último bloque lo conforma la normativa autonómica en materia de aguas minerales y termales, que, como se ha visto, tan solo está presente en cuatro de las diecisiete comunidades autónomas —Cantabria, Castilla-La Mancha, Extremadura y Galicia—, y que, en términos generales, no introduce grandes modificaciones respecto de la normativa estatal, aunque cabe señalar, por un lado, que Castilla-La Mancha y Extremadura fijan un régimen de concesión para el aprovechamiento de las aguas minerales —lo que supone un reconocimiento expreso de su pertenencia

---

95 *Vid.* la monografía de Aloia López Ferro para profundizar en esta materia y el contenido del RD 975/2009: López Ferro, Aloia (2021). *La rehabilitación de espacios afectados por actividades mineras. Especial referencia a Galicia.* Universitat Rovira i Virgili (URV), Tarragona.

al dominio público—, y, por otro lado, que la legislación gallega contiene una regulación detallada de los perímetros de protección.

En definitiva, la evolución de la normativa sobre las aguas minerales y termales ha dado como resultado un marco jurídico que, en algunos aspectos, ha experimentado grandes cambios y se ha modernizado gracias, fundamentalmente, a las disposiciones dictadas en el ámbito de la Unión Europea —véase en el caso de las aguas minerales naturales—, mientras que, en otros aspectos —tales como la propia normativa minera preconstitucional y el Estatuto de 1928—, ha permanecido prácticamente inalterado hasta el momento actual, sin que los escasos desarrollos autonómicos hayan introducido grandes novedades.

Capítulo III. Procedimiento para la explotación de las aguas minerales

Llevada a cabo una aproximación general a las aguas minerales y expuesto el marco competencial y normativo que les resulta de aplicación, es momento ahora de analizar los requisitos que este marco legal establece para poder explotar unas aguas minerales, para, finalmente, en el capítulo IV, abordar los mecanismos de protección y vigilancia que operarán sobre unas aguas minerales que estén siendo efectivamente aprovechadas.

A continuación, estudiaremos los dos procedimientos que, en todo caso, deben tramitarse para que unas aguas minerales puedan ser explotadas: en primer lugar, el procedimiento para declarar unas aguas como minerales; y, en segundo lugar, el procedimiento para autorizar su aprovechamiento. Ambos procedimientos seguirán el cauce procedimental establecido en la LMi y desarrollado en el RMi, con independencia del tipo de aguas minerales ante el que nos encontremos[96] —minero-medicinales o minero-industriales—, si bien, cuando se pretenda declarar unas aguas como minerales naturales y, posteriormente, instar su aprovechamiento como tales, habrá que tener en cuenta las especificidades que establece el RD 1798/2010 respecto de estos dos procedimientos, a los que esta norma se remite con carácter general.[97]

Por último, antes de dar comienzo a este tercer capítulo, debe señalarse la obsolescencia de la LMi y el RMi a la hora de regular ambos procedimientos, puesto que hacen continua referencia a órganos que, tras la creación del Estado autonómico y el nuevo sistema competencial introducido en 1978, resultan manifiestamente incom-

---

96   Incluso, el artículo 30 de la LMi prevé que estos mismos procedimientos resulten de aplicación a las aguas termales cuando se pretenda su declaración y aprovechamiento en tal condición.

97   Art. 3.1, letras a) y b), del RD 1798/2010.

petentes para llevar a cabo las funciones que se les atribuyen, correspondiendo en la actualidad a las comunidades autónomas.

1. El procedimiento para declarar la condición de aguas minerales

Para obtener el título que habilita para el aprovechamiento de unas aguas minerales, el artículo 24.1 de la LMi exige que previamente se haya declarado la condición mineral de dichas aguas.

A continuación, estudiaremos el procedimiento establecido para declarar unas aguas como minerales, cuya importancia, más allá de constituir un requisito imprescindible para que se pueda autorizar su aprovechamiento como tales, radica, entre otros aspectos, en que la declaración de la condición mineral de unas aguas implica un cambio en el órgano competente para su gestión, con las importantes consecuencias que ello puede suponer para la protección adecuada de estos recursos.

1.1 Iniciación del procedimiento. Sujetos legitimados y órgano competente

Como punto de partida, debe analizarse qué sujetos se encuentran legitimados para la puesta en marcha del procedimiento para declarar la condición de aguas minerales. A este respecto, el artículo 24.1 de la LMi prevé la posibilidad de que este procedimiento se inicie bien de oficio o bien a instancia de la persona interesada.

En cuanto a la iniciación de oficio, aunque la LMi siga haciendo referencia al Ministerio de Industria, esta corresponde a las comunidades autónomas, puesto que estas, al amparo del título competencial recogido en el artículo 148.1.10 de la CE, serán las competentes para tramitar, de inicio a fin, el procedimiento para la declaración de la condición de aguas minerales.

Concretamente —y esta es una nota común tanto a las comunidades autónomas que han desarrollado normativa específica sobre estas aguas como a las que no—, son las correspondientes consejerías o direcciones generales con competencias en materia de industria las que deberán tramitar, resolver y, en su caso, iniciar el procedimiento para declarar la condición mineral de aquellas aguas que radiquen en sus respectivos ámbitos territoriales.

Por su parte, el RD 1798/2010 sí se acomoda al reparto competencial operado en 1978, refiriéndose ya a la «autoridad minera competente de la Comunidad Autónoma a la que pertenezca dicho manantial»,[98] con ocasión de fijar, para la declaración de unas aguas minerales naturales, requisitos adicionales a los recogidos en la LMi.

---

98   Art. 3.1.b.1º del RD 1798/2010.

Surge la duda, no obstante, de qué Administración es la competente para iniciar este procedimiento cuando las aguas cuya condición mineral se pretende declarar se encuentren en el territorio de más de una comunidad autónoma.

Ni la LMi ni el RMi, debido a su carácter preconstitucional, se plantean esta cuestión, así como tampoco el RD 1798/2010, que, si bien reconoce que cuando se vea afectada más de una comunidad autónoma el órgano competente para autorizar o denegar el aprovechamiento de unas aguas minerales naturales será el Ministerio de Industria, Turismo y Comercio —hoy Ministerio de Industria y Turismo—, no hace esta misma precisión en favor de la Administración del Estado cuando regula el procedimiento previo para declarar tales aguas como minerales naturales.

Sin embargo, como sugiere Barriobero Martínez (2006, pág. 226), sería perfectamente posible que el procedimiento lo iniciase el órgano autonómico competente y que, si durante este se constatase el carácter supraautonómico de las aguas,[99] la competencia para la tramitación y resolución del procedimiento pasase a la Administración estatal, concretamente, a la Dirección General de Política Energética y Minas del MITECO.

Por otra parte, por lo que respecta a la iniciación del procedimiento a instancia de la persona interesada, esta vía posibilita que cualquier persona, física o jurídica, sea nacional o extranjera, pueda instar al órgano autonómico competente el inicio del procedimiento para declarar la condición mineral de unas aguas.

Concretamente, el artículo 24.1 de la LMi permite iniciar este procedimiento a «cualquier persona que reúna las condiciones establecidas en el Título VIII». Sin embargo, hay que advertir que, en la actualidad, el título VIII de la LMi, dedicado a las «Condiciones para ser titular de derechos mineros», carece de contenido desde que la Ley 25/2009, de 22 de diciembre, de modificación de diversas leyes para su adaptación a la Ley sobre el libre acceso a las actividades de servicios y su ejercicio,[100] por la que se incorporó parcialmente al derecho español la Directiva 2006/123/CE del Parlamento Europeo y del Consejo, de 12 de diciembre de 2006, relativa a los servicios en el mercado interior, derogó los artículos 89 a 93 de la LMi, que conformaban el título VIII en su totalidad.

Ahora bien, la reforma de 2009 no supuso alteración alguna respecto del régimen inmediatamente anterior, pues el verdadero cambio se había producido ya en 1986, cuando, a través del Real Decreto Legislativo 1303/1986, de 28 de junio, por el que se adecua al ordenamiento jurídico de la Comunidad Económica Europea el título VIII de la Ley 22/1973, de 21 de julio, de Minas, se modificó el artículo 89.1 de la

---

99 Tal y como se verá en el siguiente apartado, la intervención del IGME en la tramitación del expediente para declarar la condición mineral de unas aguas será fundamental, entre otros motivos, porque, con ocasión de la emisión de su informe, el citado instituto tendrá la oportunidad de pronunciarse acerca del ámbito territorial de las aguas cuya condición mineral se pretende declarar.

100 Art. 17 de la Ley 25/2009, de 22 de diciembre.

LMi, que exigía tener nacionalidad española para poder ser titular de derechos mineros, de forma que tanto las personas españolas como las extranjeras pudieran ostentar tales derechos.

Por lo tanto, a la vista de lo expuesto, se echa en falta una actualización a la realidad jurídica del artículo 24.1 de la LMi, que se sigue refiriendo a un título que, desde 2009, carece de contenido, así como también la del RMi, cuyo título VIII, dedicado igualmente a las «Condiciones para ser titular de derechos mineros», ni siquiera se adaptó a la modificación operada por el Real Decreto Legislativo 1303/1986, de 28 de junio.

1.2 Tramitación del procedimiento. La intervención del IGME y de las autoridades sanitarias

El contenido fundamental del procedimiento para declarar la condición mineral de unas aguas se regula en el artículo 39.2 del RMi, que establece, en primer lugar, la necesidad de que el acto de iniciación del expediente se publique en el *BOE* y en el boletín de la provincia correspondiente —hoy, comunidad autónoma—, debiendo hacerse constar la forma en que fue iniciado el expediente —identificándose, en su caso, al solicitante—, y la situación, características y cualquier otro dato que se considere necesario para la determinación exacta del acuífero o manantial cuya condición mineral se pretende declarar. Por lo que respecta a las aguas minerales naturales, el RD 1798/2010 establece también la necesidad de que, junto con la solicitud de declaración de unas aguas como minerales naturales, se publique la documentación recogida en el anexo II, que habrá de acompañar a la solicitud.

Además, en aquellos supuestos en los que el expediente haya sido iniciado de oficio o a instancia de persona distinta del propietario de las aguas, este deberá ser notificado de la iniciación del procedimiento por cualquiera de los mecanismos previstos en la normativa sobre procedimiento administrativo[101] para que pueda personarse en el procedimiento y hacer las alegaciones que considere oportunas.

A continuación, el órgano autonómico encargado de tramitar el expediente emplazará a todas las partes al lugar donde alumbran las aguas para llevar a cabo la toma de muestras. Dicha muestra se dividirá en tres partes —o cuatro, si el propietario de las aguas fuese distinto el solicitante— para, una vez lacradas y selladas, ser entregadas al órgano autonómico, al IGME, al solicitante y, en su caso, al propietario de las aguas.

---

101 Adviértase que el artículo 39.2 del RMi hace alusión al artículo 80 de la Ley, de 17 de julio de 1958, sobre Procedimiento administrativo. Sin embargo, esta referencia debe entenderse, hoy, a la Ley 39/2015, de 1 de octubre, del Procedimiento Administrativo Común de las Administraciones Públicas, cuyo artículo 41 establece, como regla general, el carácter preferente de los medios electrónicos como vía para la práctica de las notificaciones, sin perjuicio de que, cuando el procedimiento se inicie a instancia de parte, la notificación se tendrá que practicar por el medio que señale el interesado, salvo que exista obligación de relacionarse electrónicamente con la Administración.

Una vez concluidas las operaciones, se levantará acta, que deberá ser firmada por todos los presentes y se añadirá al expediente.

Posteriormente, se analizarán las muestras y, a la vista de los resultados, el IGME emitirá un informe preceptivo y no vinculante,[102] siendo este, quizás, el trámite más relevante de todo el procedimiento. Y ello por cuanto la intervención del IGME permite salvaguardar los intereses de la Administración hidráulica estatal, al garantizar que solo aquellas aguas que cumplan los requisitos fijados por el legislador estatal serán declaradas minerales y, en consecuencia, sustraídas de los organismos de cuenca que, hasta entonces, tenían encomendada su gestión.[103] Además, es en este momento cuando el citado instituto podrá pronunciarse sobre el carácter autonómico o supra-autonómico de las aguas, así como sobre su pertenencia o no al ciclo hidrológico, lo que determinará, por un lado, qué órgano deberá continuar la tramitación del procedimiento hasta resolverlo y, por otro, qué régimen de titularidad, pública o privada, rige estas aguas (Barriobero Martínez, 2006, págs. 229-231).

En cualquier caso, no hay que perder de vista que, si bien la falta de este informe preceptivo implicará la nulidad de pleno derecho de la resolución que se llegase a emitir, al haberse dictado prescindiendo del procedimiento legalmente establecido,[104] su contenido, al tratarse de un informe no vinculante, no determinará la decisión final sobre la declaración de unas aguas como minerales, función que corresponderá exclusivamente a la comunidad autónoma a través del órgano competente en la materia. Ahora bien, habida cuenta de la autoridad técnica que reviste el IGME,[105] lo más conveniente

---

102 Recuérdese que, de acuerdo con el artículo 80.1 de la Ley 39/2015, de 1 de octubre, del Procedimiento Administrativo Común de las Administraciones Públicas, la regla general es que los informes serán facultativos y no vinculantes, salvo disposición expresa en sentido contrario. En este sentido, la LMi y el RMi configuran los informes del IGME como un trámite necesario del procedimiento, pero sin indicar expresamente su carácter vinculante.

103 Con esta misma finalidad, el RDPH introdujo en su artículo 1.4 la necesidad de dar audiencia al Ministerio de Obras Públicas y Urbanismo —en la actualidad, MITECO— en el expediente para declarar unas aguas como minerales «a los efectos de su exclusión del ámbito de la Ley de Aguas». Sin embargo, hay que tener en cuenta que el Tribunal Supremo, en la ya comentada STS 227/1988, de 29 de noviembre, consideró que este precepto invadía las competencias que, tras el reparto competencial operado por la Constitución, correspondían a las comunidades autónomas sobre las aguas minerales y termales (FJ 33). Si bien, no obstante, este fallo se refería concretamente a la Comunidad Autónoma del País Vasco, puede considerarse extensivo a las demás comunidades autónomas, en la medida en que todas ellas, como hemos visto, han asumido, a través de su respectivo estatuto de autonomía, las competencias sobre las aguas minerales y termales.

104 Art. 47.1, letra e), de la Ley 39/2015, de 1 de octubre, del Procedimiento Administrativo Común de las Administraciones Públicas.

105 Recuérdese que el IGME es el organismo público de investigación —con carácter de organismo autónomo y adscrito al Ministerio de Ciencia e Innovación— encargado, entre otras funciones, del estudio, investigación, análisis y reconocimientos en el campo de las ciencias y tecnologías de la Tierra; de la información, la asistencia técnico-científica y el asesoramiento a las Administraciones públicas, agentes económicos y a la sociedad en general en geología, hidrogeología, ciencias geoambientales, recursos geológicos y minerales; y de las relaciones interdisciplinares con otras áreas del saber, contribuyendo al mejor conocimiento del territorio y de los procesos que lo configuran y modifican, al aprovechamiento sostenido de sus recursos y a la conservación del patrimonio geológico e hídrico. Para más información sobre el IGME: <https://www.igme.es/QuienesSomos/elIGME.htm> [última consulta: 23 de julio de 2024].

sería que el organismo autonómico competente tenga en especial consideración lo informado por aquel a la hora de resolver el procedimiento.

Finalmente, y solo en el supuesto de que mediante este procedimiento se pretenda clasificar unas aguas como minero-medicinales —bien para su uso en forma de baños en establecimientos balnearios, bien para su consumo como agua mineral natural—, el artículo 39.3 del RMi exige que el expediente completo se remita a las autoridades sanitarias[106] para la emisión de un informe que, en este caso, sí tendrá carácter vinculante. Por lo tanto, ya no solo la omisión de este informe, sino también su inobservancia por el órgano autonómico competente para resolver el expediente, determinará la nulidad de pleno derecho de la resolución que se hubiera dictado desvirtuando el procedimiento legalmente previsto. Se trata, en definitiva, de otro trámite fundamental en este procedimiento, toda vez que vinculará al órgano autonómico competente para resolverlo, de manera que solo podrá declarar unas aguas como minero-medicinales si las autoridades sanitarias de la comunidad autónoma hubieran concluido que dichas aguas son aptas para destinarse al uso y consumo humano.

1.3 Finalización del procedimiento. Consecuencias de la declaración de la condición de aguas minerales

Tras llevarse a cabo todos los trámites descritos en el apartado anterior, el artículo 24.2 de la LMi y el artículo 39.2 *in fine* del RMi establecen que el órgano autonómico que esté tramitando el expediente elevará la propuesta de resolución al órgano competente para resolver el expediente, que dictará una resolución declarando la condición de aguas minerales o denegando tal declaración, según el caso.

Dicha resolución, continúa diciendo el artículo 24.4 de la LMi y su concordante artículo 39.4 del RMi, deberá ser notificada a todas las partes interesadas y se publicará en los boletines oficiales correspondientes, finalizando entonces el procedimiento. Además, cuando se trate de aguas minerales naturales, de acuerdo con el artículo 3.1.5.º del RD 1798/2010, el órgano que resuelva deberá comunicarlo a la Comisión Europea para su publicación en el *DUE* y mantener actualizada la lista de aguas minerales naturales reconocidas en España, y las autoridades sanitarias deberán notificarlo a la AECOSAN, que publicará dicha lista en su página web.

La declaración de la condición mineral de unas aguas lleva aparejadas importantes consecuencias, algunas de las cuales ya han sido puestas de manifiesto a lo largo del trabajo, y que pueden resumirse en las tres siguientes.

---

106 Nuevamente, la LMi y el RMi aluden a Administraciones públicas estatales obsoletas —la «Dirección General de Sanidad» y el «Ministerio de Sanidad y Seguridad Social», respectivamente— y que, en la actualidad, carecen de competencia para la emisión de este informe, habida cuenta de las competencias en materia de sanidad asumidas por las comunidades autónomas al amparo del artículo 148.1.21 de la CE.

En primer lugar, como se ha advertido en varias ocasiones, en el momento en el que unas aguas se declaren como minerales, la competencia de su gestión se sustraerá de la Administración hidráulica y pasará a las comunidades autónomas.

En segundo lugar, con la declaración de aguas minerales, se abre la posibilidad de que dichas aguas sean aprovechadas en tal condición, para lo que se deberá iniciar el procedimiento que estudiaremos en el siguiente apartado de este capítulo. Además, cuando concurran determinadas circunstancias, la Administración competente para su gestión podrá sacar a concurso público el aprovechamiento de las aguas que hayan sido declaradas minerales.

En tercer lugar, tal y como disponen los artículos 23.1, apartado a), de la LMi, y 39.3 del RMi, cuando se declaren unas aguas como minero-medicinales, la declaración llevará aparejada su declaración de utilidad pública. Esta previsión tiene importantes efectos, ya que, en conexión con el artículo 44 del RMi, facultará al titular de la autorización a solicitar por causa de utilidad pública la expropiación forzosa de los terrenos necesarios para explotar las aguas declaradas minero-medicinales, debiendo pagar las indemnizaciones que correspondan.[107]

---

107 Cabría aquí preguntarse si, en el justiprecio de los terrenos expropiados, se puede incluir el valor de las aguas minerales que se encuentran ubicadas en ellos, cuestión íntimamente relacionada, a su vez, con la naturaleza jurídica de estos recursos. En este sentido, resulta de gran interés la Sentencia, de 19 de marzo de 1997, del Tribunal Superior de Justicia de Galicia (FJ 3) —y, en la misma línea, la STS, de 7 de noviembre de 1995 (FJ 2)—, la cual, si bien se refiere a la expropiación con yacimientos minerales de la sección A, permite extraer importantes conclusiones extensibles a las aguas minerales. Esta sentencia, partiendo del carácter demanial de los yacimientos minerales (art. 2.1 LMi), concluye que el propietario de un terreno en el que se ubiquen unos yacimientos minerales no tiene derecho a ser indemnizado por ellos, salvo que se encuentren en explotación, sin perjuicio, no obstante, de que la existencia de estos yacimientos pueda computarse como factor para la determinación del valor inicial del terreno. Si bien otras sentencias —véanse la Sentencia, de 5 de mayo de 1997, del Tribunal Superior de Justicia de Cataluña (FJ 4), o la STS, de 17 de junio de 1981 (Cdo. 3)—, partiendo de que numerosas fincas no tienen otra utilidad en el tráfico privado que el aprovechamiento de los yacimientos minerales localizados en ellas, incluyen el valor de tales recursos como eliminación de un potencial aprovechamiento industrial, autores como Moreu Carbonell (1998, págs. 207-224) se han alineado con el criterio del Tribunal Superior de Galicia. Ello por cuanto, en tanto unos yacimientos minerales no estén siendo explotados, no constituyen un bien jurídico y no pueden considerarse como un derecho inherente a la propiedad del terreno en el que se encuentran, sino como una legitimación de su titular para solicitar la necesaria autorización para su aprovechamiento. Distinto sería que en los terrenos hubiese una explotación mineral en activo, por la cual el propietario sí tendría derecho a ser indemnizado, ya que, si bien los yacimientos minerales no se valoran como propiedad, sí se valoran como explotación. Ahora bien, en la medida en que la propiedad del suelo y el derecho de explotación son bienes jurídicos distintos, la valoración de ambos derechos debe realizarse de forma independiente aun cuando coincidan en un mismo titular. Pues bien, a la vista de lo expuesto, siempre que nos encontremos ante aguas minerales de titularidad pública —lo que, como hemos visto, sucede en la mayoría de los supuestos—, este mismo criterio se podría seguir en el caso de expropiaciones de terrenos donde se ubican unas aguas que han sido declaradas minerales, de tal manera que su titular no tendrá derecho a ser indemnizado por aquellas, sin perjuicio de que el valor del terreno afectado se pueda ver incrementado, precisamente, en atención a la existencia de esa riqueza mineral susceptible de explotación.

2. El procedimiento para autorizar el aprovechamiento de las aguas minerales

Declaradas unas aguas como minerales, se habrá completado el primer paso para poder explotar estos recursos, pudiéndose iniciar entonces el segundo procedimiento que habilita para el aprovechamiento de unas aguas minerales.

A continuación, estudiaremos, desde su inicio hasta su fin, el cauce procedimental que regirá los expedientes para autorizar el aprovechamiento de unas aguas minerales, con especial detenimiento en lo que respecta al título habilitante, y tratando, en último lugar, las causas de caducidad de este, que impedirán continuar con la explotación de estas aguas.

2.1 Iniciación del procedimiento. Los derechos preferentes para instar el procedimiento y la posibilidad de sacar a concurso público la explotación de las aguas minerales

A diferencia del procedimiento para declarar unas aguas como minerales, que puede ser iniciado a solicitud de cualquier persona, física o jurídica, nacional o extranjera, la LMi establece el derecho preferente para instar el procedimiento para la explotación de las aguas minerales a favor de determinados sujetos, en función de si se trata de aguas de titularidad pública o privada.[108]

Tratándose de aguas minerales públicas —lo que sucederá en la mayoría de los casos—, el artículo 25.2 del RMi otorga este derecho preferente a la persona que hubiera instado el procedimiento por el que se declararon las aguas como minerales, disponiendo de un plazo de un año para ejercitarlo a contar desde la publicación de la declaración, sin posibilidad de ceder este derecho preferente a terceros.

Sin embargo, si se trata de aguas minerales privadas, será su propietario el que, con arreglo al artículo 25.1 del RMi, tenga preferencia para solicitar que se autorice el aprovechamiento de las aguas. Si el propietario o los cesionarios de este derecho preferente no lo ejerciesen en el plazo de un año desde la notificación de la condición de las aguas minerales, el artículo 27.1 del RMi dispone que será la persona que solicitó el inicio del procedimiento para declarar las aguas como minerales quien pueda instar este segundo procedimiento, disponiendo de un plazo de seis meses desde que se le haya notificado a tal efecto.

Transcurridos los plazos anteriores o si se denegase el aprovechamiento de las aguas por incumplimiento de los requisitos exigidos, los derechos preferentes prescribirán y el órgano autonómico competente podrá sacar a concurso público el aprove-

---

108 Adviértase que, de las comunidades autónomas que han desarrollado normativa en materia de aguas minerales, solamente Cantabria y Extremadura han previsto estos derechos preferentes. No obstante, habida cuenta de su carácter básico, estos derechos resultarán de aplicación en todo caso.

chamiento de las aguas declaradas minerales,[109] dando lugar al derecho de su dueño —tratándose de aguas minerales privadas— a ser indemnizado por el valor de las aguas comunes que viniera utilizando, salvo que el titular de la autorización de aprovechamiento sustituyera el caudal de aquellas por otro equivalente, en cuyo caso no habrá lugar a indemnización.[110]

A este respecto, resulta de interés la advertencia que realiza Barriobero Martínez (2006, pág. 242) sobre la institución del concurso público en este procedimiento, en el sentido de que en absoluto prejuzga el posible carácter privado de las aguas declaradas minerales, sino que únicamente busca que estas aguas beneficiosas para la salud humana y/o de utilidad para ciertos usos industriales sean efectivamente explotadas y no queden desaprovechadas por la falta de interés de su propietario o de la persona que solicitó que se declarasen como aguas minerales.

2.2 Tramitación del procedimiento

El procedimiento para autorizar el aprovechamiento de unas aguas minerales se inicia, salvo que se haya acudido al concurso público, mediante solicitud de la persona interesada —el propietario de las aguas, el cesionario del derecho preferente de aquel o la persona que hubiera instado la declaración de mineralidad—, que se dirigirá al órgano autonómico competente.

En cuanto al contenido de la solicitud, el artículo 41.1 del RMi dispone que deberá hacerse constar el derecho que asiste al peticionario, el destino que se le dará a las aguas y la fijación del perímetro de protección que se considere necesario, avalada por técnico competente. Además, deberán acompañar a la instancia los documentos justificativos de la capacidad del solicitante para ser titular de derechos mineros; un proyecto general de aprovechamiento de las aguas suscrito por un ingeniero de minas; y una relación de las inversiones totales que realizar para el aprovechamiento de las aguas y un estudio económico de su financiación, con las garantías que, en su caso, se ofrezcan sobre su viabilidad, asegurándose así la seriedad de la solicitud formulada.

Recibida la solicitud con la documentación que la acompaña, el artículo 41.2 del RMi dispone que la Administración la revisará y, si estima que es correcta, se dirigirá, por cuenta del interesado, al lugar donde se encuentre el manantial o el alumbramiento de las aguas minerales para determinar el perímetro de protección que se considere necesario para asegurar la adecuada protección, cuantitativa y cualitativa, del acuífero.

Al igual que en el procedimiento para declarar unas aguas como minerales, en el procedimiento para autorizar su aprovechamiento, se prevé la participación del IGME durante la tramitación del expediente, también mediante preceptivo informe de ca-

---

109 Arts. 49.2 de la LMi y 27.2 del RMi.
110 Art. 106 de la LMi.

rácter no vinculante,[111] en esta ocasión, al objeto de pronunciarse sobre la extensión del perímetro de protección, pronunciamiento que, habida cuenta del conocimiento técnico del citado instituto, será fundamental en la formación del criterio del órgano autonómico que esté tramitando el expediente para decidir si aceptar el perímetro solicitado o introducir los cambios que considere convenientes.

Aceptada la petición por el organismo autonómico o atendidas por el peticionario las modificaciones que le hubieran sido indicadas, se publicará la solicitud en el *BOE* y en el boletín autonómico correspondiente, concediéndose un plazo de quince días a los interesados a fin de que realicen las alegaciones que consideren oportunas. Además, cuando se hubiera solicitado el aprovechamiento de unas aguas minerales naturales, el artículo 3.1.3.º del RD 1798/2010 dispone que la publicación de la solicitud se acompañará de los estudios geológicos e hidrogeológicos y los análisis físicos, químicos, fisicoquímicos y microbiológicos a los que se refiere el apartado 1.2 del anexo II de la misma norma.

Pero, además del informe del IGME, se prevé la necesidad de que otros organismos informen sobre sus respectivas áreas. Así pues, cuando se esté ante aguas minero-medicinales, nuevamente las autoridades sanitarias de la comunidad autónoma deberán emitir un informe de carácter preceptivo y vinculante. Y, por último, el artículo 26.3 de la LMi y el artículo 42.3 del RMi prevén la necesidad de que los organismos de cuenca[112] informen —sin hacer referencia expresa a su carácter vinculante, por lo que de nuevo estaremos ante informes preceptivos y no vinculantes— sobre otros posibles aprovechamientos que pudieran estimarse de mayor conveniencia para el interés nacional.

Es este último informe el que, en opinión de Barriobero Martínez (2006, pág. 249), más debate podría suscitar, no tanto por la conveniencia o no de este trámite, que no cuestiona, sino desde el punto de vista competencial. Y es que, si bien cuando las aguas minerales se sitúen en cuencas intracomunitarias serán dos Administraciones autonómicas las que deban pronunciarse, resolviendo el consejo de gobierno autonómico en caso de discrepancia, tratándose de aguas minerales situadas en cuencas intercomunitarias, el autor citado considera que esta intervención de la Administración estatal, a través de las confederaciones hidrográficas, podría llegar a alterar el singular régimen competencial establecido para las aguas minerales.

111 En cuanto a la valoración de los informes que han de emitirse en este procedimiento y las consecuencias de su omisión, nos remitimos a lo anteriormente expuesto respecto de los informes que deben dictarse en el procedimiento para declarar la condición de aguas minerales. *Vid.* apartado 1.2 del presente capítulo.

112 Los preceptos citados se refieren, en realidad, a los ministerios de Obras Públicas y Urbanismo y de Agricultura, que en aquel momento ostentaban las competencias sobre los recursos hídricos. Sin embargo, con el actual reparto de competencias, tal remisión debe entenderse efectuada en favor de las confederaciones hidrográficas y los organismos de cuenca autonómicos, en función de si se trata de aguas minerales situadas en cuencas intercomunitarias o intracomunitarias, respectivamente.

Ahora bien, explica, ello no significa que no sea conveniente articular un mecanismo de coordinación entre las Administraciones con competencias sobre las aguas minerales y sobre el resto de las aguas —más bien todo lo contrario, siendo, precisamente, las interferencias entre unos y otros recursos uno de los grandes problemas que presenta el régimen jurídico en la materia—, sino simplemente que este se debe configurar de tal forma que no suponga una intromisión en las competencias de las comunidades autónomas. En este sentido, considera una buena solución la que ofrece la Ley 6/1994, de 24 de noviembre, de la Comunidad Autónoma de Extremadura, cuyo artículo 8 prevé que, en caso de existir un derecho preexistente otorgado por un organismo con competencia en materia de aguas, la Consejería de Industria y Turismo, antes de la resolución del expediente, deberá declarar que ambos aprovechamientos son compatibles, previa audiencia de las partes y de los organismos afectados.

Por último, el artículo 36 de la LMi prevé también la necesidad de que se compruebe la compatibilidad del aprovechamiento de aguas minerales con otros aprovechamientos anteriores. En este caso, se refiere a otros aprovechamientos mineros de recursos de cualesquiera de las secciones —A, C u otros de la sección B de distinta naturaleza— en cuyo perímetro de protección se pretende autorizar el aprovechamiento de las aguas declaradas minerales. La compatibilidad de estos aprovechamientos será requisito imprescindible para poder autorizarse la explotación de las aguas minerales, de tal forma que si, oídas las partes interesadas, resulta que los trabajos son incompatibles, deberá determinarse los que deben prevalecer por ser de mayor interés o utilidad pública. Ello sin perjuicio de que, en la superficie del perímetro de protección en la que no haya incompatibilidad, puedan proseguir los aprovechamientos preexistentes en caso de que se hubiera declarado que deben primar los de las aguas minerales.

2.3 Finalización del procedimiento

Efectuados los trámites anteriores, el órgano autonómico resolverá y pondrá fin al expediente,[113] adjudicando o denegando el aprovechamiento de las aguas minerales a la persona que lo solicitó.[114]

---

113 Adviértase que el artículo 3.1.4.º del RD 1798/2010 prevé que cuando «el expediente afectase a más de una Comunidad Autónoma» —por ejemplo, porque el perímetro de protección afecta a terrenos que pertenecen a más de una comunidad autónoma—, no será el organismo autonómico el competente para resolver el procedimiento, sino el Ministerio de Industria y Turismo.

114 Debe tenerse en cuenta que, para poder resolver favorablemente, el órgano autonómico deberá, además, comprobar que el solicitante dispone del plan de restauración, debidamente autorizado, que regula el RD 975/2009 en su título I, y, además, que ha constituido una garantía financiera o equivalente para la rehabilitación del espacio natural afectado por la explotación en los términos del artículo 42 del RD 975/2009, la cual será independiente de la garantía prevista en la Ley 26/2007, de 23 de octubre, de Responsabilidad Medioambiental, según lo dispuesto en el artículo 41 del RD 975/2009. Ahora bien, la entidad explotadora podrá integrar ambas garantías en una, siempre y cuando quede claramente delimitada la cantidad destinada a hacer frente a los conceptos a los que deben dar cobertura, sin que se produzcan duplicidades ni queden riesgos pendientes de asegurar. Por lo que respecta a la garantía financiera o equivalente para el cumplimiento de las condiciones impuestas en la autorización del plan de restauración para la gestión y la rehabilitación del espacio natural afectado por los residuos mineros, regulada

Si el procedimiento se resuelve en sentido favorable, el artículo 42.4 del RMi establece la inscripción pública y de oficio del aprovechamiento de las aguas minerales en un registro autonómico[115] cuyos efectos han sido regulados por las comunidades autónomas de Castilla-La Mancha y Extremadura, las cuales han previsto que pueda servir como medio de prueba.[116] Además, el citado precepto prevé la necesidad de que dichas inscripciones figuren también en un registro centralizado de ámbito estatal en el que se ofrezca información actualizada sobre el número y las características de todas las aguas minerales de España.[117]

2.3.1 El problema del título habilitante

La cuestión que, en realidad, centra el debate en torno a la resolución del expediente para autorizar el aprovechamiento de unas aguas minerales es la relativa al título habilitante que pone fin a este procedimiento.

Retomando lo ya comentado a este respecto en el apartado 3 del primer capítulo, con ocasión de abordar la cuestión sobre la titularidad de las aguas minerales, parece que, ante el silencio de la LMi,[118] la solución más lógica es afirmar que la resolución de este procedimiento revestirá forma de autorización o de concesión en función de si se trata de aguas minerales de naturaleza privada o pública, respectivamente (Moreno Rebato, 2002, págs. 417-418).

Hay que recordar, no obstante, que algunas comunidades autónomas, como es el caso de Castilla-La Mancha y Extremadura, solo contemplan en sus respectivas normativas la figura de la concesión administrativa,[119] apartándose así del modelo estatal bajo la premisa de que todas las aguas son de dominio público estatal. Si bien, como se

---

en el artículo 43 del RD 975/2009, esta no será necesaria para la autorización o concesión de aprovechamientos de aguas minerales, dado que no es obligatoria para los residuos mineros inertes, tal y como se definen en el artículo 3.3 de la Directiva 2006/21/CE del Parlamento Europeo y del Consejo, de 15 de marzo de 2006, sobre la gestión de los residuos de industrias extractivas y por la que se modifica la Directiva 2004/35/CE, completada por la Decisión 2009/359/CE de la Comisión, de 30 de abril de 2009. Para profundizar en el estudio de los planes de restauración de espacios afectados por actividades mineras citados en esta nota, puede verse la monografía de López Ferro, Aloia (2021). *La rehabilitación de espacios afectados por actividades mineras. Especial referencia a Galicia.* Universitat Rovira i Virgili (URV), Tarragona.

115 El citado precepto habla, en realidad, de registros de ámbito provincial.

116 *Vid.* artículo 18.3 de la Ley 8/1990 de 28 de diciembre, de Aguas Minerales y Termales de Castilla-La Mancha, y artículo 17.2 de la Ley 6/1994, de 24 de noviembre, de Balnearios y de Aguas Minero-Medicinales y/o Termales de Extremadura.

117 Barriobero Martínez (2006, pág. 263) pone en valor este registro central como herramienta a través de la cual los organismos de cuenca podrán conocer los distintos aprovechamientos de aguas minerales existentes en sus respectivos ámbitos territoriales.

118 La LMi y el RMi hacen referencia a ambas figuras, pero no aclaran en qué casos procede una u otra. Únicamente en sus artículos 27.3 y 42.3, respectivamente, disponen que «el aprovechamiento se otorgará mediante concesión administrativa» en aquellos supuestos en los que las aguas minerales se encuentren en terrenos de dominio público.

119 *Vid.* artículos 1 y 7.1 de la Ley 8/1990, de 28 de diciembre, de Aguas Minerales y Termales de Castilla-La Mancha, y artículo 6 de la Ley 6/1994, de 24 de noviembre, de Balnearios y de Aguas Minero-Medicinales y/o Termales de Extremadura.

vio en el primer capítulo, esta postura contaría con el respaldo de algún autor e incluso del propio Tribunal Supremo,[120] no se puede olvidar que la demanialización de los bienes integrantes del dominio público natural corresponde únicamente al Estado, por lo que la pretensión, por parte del legislador autonómico, de determinar la naturaleza pública de estas aguas constituiría una extralimitación de sus competencias.

En cualquier caso, como ya se puso de manifiesto en el primer capítulo, los contornos entre la autorización y la concesión administrativa son cada vez más borrosos, siendo su vigencia temporal la única diferencia de trascendencia práctica. Así, mientras que la autorización administrativa, en la medida en que el derecho de propiedad es absoluto, no está sujeta a plazo alguno, permaneciendo vigente en tanto no se alteren las condiciones que motivaron su otorgamiento,[121] la concesión sí se encuentra limitada temporalmente. Aunque la LMi se olvida de determinar la duración del plazo de la concesión, todas las comunidades autónomas han optado por fijar una vigencia de treinta años, prorrogables por plazos de igual duración hasta un máximo de noventa años, que es la duración que la LMi prevé en su artículo 62.1 para las concesiones de explotación de los recursos mineros de la sección C.[122] Pero, más allá de su vigencia temporal, no se aprecian diferencias entre uno y otro título habilitante en lo que a su contenido[123] y efectos se refiere, así como tampoco en su régimen de revisión y de modificación, que, habida cuenta de las semejanzas en la configuración jurídica de estas dos figuras, deberá ser el mismo.[124]

Por último, en relación con el título habilitante para el aprovechamiento de unas aguas minerales, hay que decir que tanto la autorización como la concesión son transmisibles a terceros, pudiendo ser transmitidas, arrendadas y gravadas, en todo o en parte, por cualquier medio admitido en derecho, debiendo acudirse a un nuevo procedimiento de autorización.[125]

---

120 Recuérdense la tesis de González Pérez (1987, pág. 95) y el FJ 4 de la STS, de 14 de enero de 1994.

121 Adviértase que, aunque el artículo 41.4, letra c), del RMi disponga que el tiempo de duración de la autorización «en ningún caso podrá rebasar aquel que el peticionario tenga acreditado su derecho al aprovechamiento», este precepto parece referirse al supuesto en el que el procedimiento ha sido instado por el cesionario del derecho preferente del propietario de las aguas minerales, cuando dicha cesión se ha realizado por un periodo temporal determinado.

122 Esta es, según Barriobero Martínez (2006, págs. 253-254), la solución más adecuada, no siendo acertados los criterios de otros autores, como Aurelio Guaita o Ramón Parada, que sugieren acudir al plazo máximo de noventa y nueve años, o de Isidro E. Arcenegui, que reconduce esta cuestión a las disposiciones generales en materia de concesiones de aguas, las cuales, conforme al artículo 97 del RDPH, no podrán exceder de los setenta y cinco años, incluidas las prórrogas.

123 Tanto en la autorización como en la concesión para el aprovechamiento de unas aguas minerales deberá identificarse a la persona a cuyo favor se otorga, y deberán figurar el tipo y el destino de las aguas, el caudal máximo de aprovechamiento y sus condiciones, el perímetro de protección delimitado y, en su caso, el tiempo de duración —si se trata de una concesión— y las condiciones especiales de ejercicio que procedan (art. 41.4 del RMi).

124 Esta es la postura que defiende Casado Casado (2002, pág. 731) respecto de las autorizaciones de vertido, concluyendo que el criterio seguido por el TRLA en materia de concesiones administrativas debe aplicarse también a estas autorizaciones, habida cuenta de la semejanza entre la actual configuración jurídica de las autorizaciones y la figura de la concesión.

125 Si la transmisión tiene lugar *inter vivos*, deberá iniciarse mediante solicitud siguiendo lo dispuesto en el artículo 119.2 del RMi, mientras que si es *mortis causa* deberá notificarse al órgano autonómico el fallecimiento del

2.3.2 Derechos y obligaciones de los titulares de una autorización o concesión de aprovechamiento de unas aguas minerales

La concesión y la autorización de aprovechamiento de unas aguas minerales otorgan a su titular los mismos derechos y obligaciones, siendo la vigencia temporal de ambos títulos habilitantes, como se acaba de ver, la única característica que los diferencia en la práctica.

Por lo que respecta a los derechos que tanto la concesión como la autorización para el aprovechamiento de unas aguas minerales otorgan a su titular, son fundamentalmente tres y aparecen recogidos en el artículo 43.1 del RMi.

En primer lugar, como no podía ser de otra manera, el titular tendrá el derecho exclusivo a utilizar las aguas minerales en la forma, condiciones y, en su caso, durante el tiempo que se haya fijado.

En segundo lugar, al objeto de garantizar este primer derecho y que el titular pueda aprovechar las aguas minerales con normalidad, se le concede también el derecho a proteger el acuífero del que emanan aquellas, tanto en términos de cantidad como de calidad, pudiendo prohibir cualquier actividad que se realice dentro del perímetro de protección que pueda resultar perjudicial.

Y, en tercer lugar, el titular podrá aprovechar todas las aguas minerales que se encuentren en el perímetro de protección y que provengan del mismo acuífero al que se refiere la concesión o autorización de aprovechamiento.

Además, el artículo 43.1 del RMi hace referencia también al derecho del titular del aprovechamiento de unas aguas minerales de audiencia en el expediente por el que se pretendan autorizar otros trabajos dentro del perímetro protección, a los efectos de poder hacer las alegaciones que considere oportunas para evitar que las nuevas actividades perjudiquen el aprovechamiento de las aguas minerales. En cualquier caso, si estas llegasen a ser permitidas, se recoge también expresamente su derecho a ser indemnizado por los daños y perjuicios que aquellas le llegasen a ocasionar.

Pero, en contrapartida a este conjunto de derechos, el titular de una autorización o concesión para el aprovechamiento de unas aguas minerales tendrá también que cumplir una serie de obligaciones.

A la primera de ellas hace referencia el propio artículo 43 del RMi en su segundo apartado, que obliga al titular a poner en conocimiento del órgano autonómico competente cualquier paralización de los trabajos, así como cualquier modificación o ampliación del aprovechamiento, en cuyo caso la comunicación deberá acompañarse de una memoria justificativa de los nuevos trabajos que se pretendan realizar, a los

---

causante en el plazo de un año a los efectos de obtener la autorización administrativa correspondiente, debiendo acreditarse el pago del impuesto de sucesiones (art. 124 del RMi).

efectos de obtener de dicho organismo una nueva autorización o concesión para las modificaciones o ampliaciones.

En segundo lugar, el artículo 44 del RMi establece la obligación del titular de indemnizar a los terceros que se pudieran ver afectados por los derechos que le hubieran sido otorgados, pudiendo, en caso de no avenencia, instar la expropiación forzosa de los derechos afectados por razón de utilidad pública.

En tercer lugar, de los artículos 83 de la LMi y 106 del RMi se desprende que el titular está obligado a iniciar los trabajos para el aprovechamiento de las aguas minerales en el plazo de seis meses desde el otorgamiento o antes de que finalicen las prórrogas que, a estos efectos, se le hubieran concedido, pues, no siendo así, como se verá en el apartado siguiente, su título habilitante caducará.

Por último, debe tenerse en cuenta que algunas comunidades autónomas han establecido obligaciones adicionales a las previstas en la normativa estatal, tales como Castilla-La Mancha y Galicia, que prevén la necesidad de que el titular presente ante la Administración, con carácter anual y cuatrienal, respectivamente, un plan de aprovechamiento suscrito por un técnico competente.[126]

2.3.4 Caducidad del título habilitante para la explotación de las aguas minerales

Como acabamos de ver, con la resolución en sentido favorable del expediente por el que se autoriza la explotación de las aguas minerales, nacen una serie de deberes y obligaciones para el titular de la autorización o concesión de aprovechamiento. No obstante, la permanencia de este conjunto de deberes y obligaciones se encuentra supeditada a la eficacia del título habilitante del que emanan, que perdurará en tanto no se declare caducada.

El artículo 83 de la LMi y el artículo 106 del RMi recogen las causas de caducidad del título que habilita a explotar unas aguas minerales. Se trata de las seis siguientes:

1. La renuncia voluntaria del titular, que deberá ser previamente aceptada por la Administración.

2. La falta de pago de los impuestos mineros cuando esta, según las disposiciones que los regulen, lleve aparejada la caducidad.

3. No comenzar los trabajos en el plazo de seis meses desde la fecha de su otorgamiento o antes de finalizar las prórrogas que, en su caso, se hayan concedido a tal efecto.

---

126 *Vid.* artículo 10 de la Ley 8/1990, de 28 de diciembre, de Aguas Minerales y Termales de Castilla-La Mancha, y artículo 16 de la Ley 5/1995, de 7 de junio, de regulación de las aguas minerales, termales, de manantial y de los establecimientos balnearios de la Comunidad Autónoma de Galicia.

4. La paralización de los trabajos durante más de seis meses sin contar con la previa autorización del órgano autonómico competente.

5. El agotamiento del recurso.

6. El incumplimiento de las condiciones impuestas en el título habilitante.

Pero, además de estas seis causas recogidas en la LMi y el RMi, cabe citar otras dos que, de igual forma, supondrán la caducidad del título que habilita para la explotación de las aguas minerales. La primera de ellas es la expiración del plazo por el que fue otorgada la concesión de aprovechamiento, supuesto que, con acierto, ha sido recogido por las comunidades autónomas de Cantabria, Extremadura y Galicia.[127]

La segunda causa que omiten la LMi y el RMi es la pérdida de la condición mineral de las aguas, supuesto que, igualmente, han recogido las comunidades autónomas de Extremadura y Galicia y también la de Castilla-La Mancha,[128] y que tendrá lugar cuando, por cualquier motivo —véase, por ejemplo, el agotamiento de las capas que nutren de minerales estas aguas en su transcurso por el subsuelo—, desaparecieran de aquellas las especiales características de composición, pureza y constancia que han de reunir todas las aguas minerales. Pero, más allá de implicar la caducidad del título que habilita para explotar estas aguas, la relevancia de la pérdida de la condición mineral de las aguas se encuentra en que determinará que la gestión sobre estas vuelva a recaer sobre la Administración con competencia sobre los demás recursos hídricos.

Formulada la renuncia voluntaria mediante escrito al órgano autonómico competente o constatada por este la concurrencia de alguna de las demás causas, declarará la caducidad de la autorización o concesión de aprovechamiento de las aguas minerales siguiendo el procedimiento previsto en los artículos 111 y 112 del RMi. Una vez declarada la caducidad, el antiguo titular se verá obligado a abandonar los trabajos que viniera realizando, debiendo comunicar a la Administración el abandono para que esta lo autorice una vez que compruebe que los derechos mineros han quedado en buenas condiciones de seguridad para las personas y las cosas.

Declarada la caducidad del título habilitante, la Administración, como vimos en el apartado 2.1 de este capítulo, podrá sacar a concurso público el aprovechamiento de las aguas minerales a fin de evitar que estos valiosos recursos queden sin explotar.

---

127 *Vid.* artículo 22, letra f), de la Ley 2/1988, de 26 de octubre, de fomento, ordenación y aprovechamiento de los balnearios y de las aguas mineromedicinales y/o termales de Cantabria; artículo 15.6 de la Ley 6/1994, de 24 de noviembre, de Balnearios y de Aguas Minero-Medicinales y/o Termales de Extremadura; y artículo 19.5 de la Ley 5/1995, de 7 de junio, de regulación de las aguas minerales, termales, de manantial y de los establecimientos balnearios de la Comunidad Autónoma de Galicia.

128 *Vid.* artículo 15.2 de la Ley 8/1990, de 28 de diciembre, de Aguas Minerales y Termales de Castilla-La Mancha; artículo 15.3 de la Ley 6/1994, de 24 de noviembre, de Balnearios y de Aguas Minero-Medicinales y/o Termales de Extremadura; y artículo 19.2 de la Ley 5/1995, de 7 de junio, de regulación de las aguas minerales, termales, de manantial y de los establecimientos balnearios de la Comunidad Autónoma de Galicia.

Ello, lógicamente, salvo que la causa de caducidad sea el agotamiento del recurso o la pérdida de la condición de minerales de las aguas, en cuyo caso no habrá razón de utilidad pública que fundamente el concurso, de tal manera que el propietario de los terrenos expropiados, si fuera el caso, podrá recuperarlos ejercitando el derecho de reversión.[129]

---

129 Artículos 54 y 55 de la Ley, de 16 de diciembre de 1954, sobre expropiación forzosa, y artículos 63 a 70 del Decreto, de 26 de abril de 1957, por el que se aprueba el Reglamento de la Ley de Expropiación Forzosa.

Capítulo IV. Mecanismos de protección y vigilancia de las aguas minerales

En los capítulos anteriores hemos estudiado las características que definen unas aguas como minerales, las diferentes categorías de estas aguas en función de su destino, el marco competencial y normativo que las regula, y los procedimientos para declarar oficialmente unas aguas como minerales y para autorizar su explotación como tales.

Resta únicamente estudiar los diferentes instrumentos que el ordenamiento jurídico ofrece para proteger estos valiosos recursos y garantizar su calidad, a los cuales dedicaremos este último capítulo del trabajo. Comenzaremos por un primer apartado sobre los principales riesgos a los que se encuentran expuestas las aguas minerales y el origen de estas amenazas. En segundo lugar, analizaremos los mecanismos de protección que se aplican a las aguas minerales en explotación, dedicando una atención especial a la figura de los perímetros de protección. Y, por último, cerraremos este capítulo final con un apartado dedicado a los medios de control y vigilancia de la calidad y el mantenimiento de las características de las aguas minerales.

1. Los riesgos de alteración de las aguas minerales

Son muchas y de diversa naturaleza las actividades que se desarrollan en la superficie del terreno y que pueden tener grandes impactos en el subsuelo, colocando en una situación de vulnerabilidad a los recursos de naturaleza subterránea, en general, y a las aguas minerales, en particular.

En efecto, esta preocupación, común a todas las aguas subterráneas, es todavía mayor en el caso de las aguas minerales, ya que, como hemos visto, estas se encuentran condicionadas al mantenimiento de unas características especiales de composición, pu-

reza y constancia, y, además, se destinan, en la mayoría de los casos, al consumo humano, lo que justifica el interés de los poderes públicos en velar por su calidad.

A continuación, vamos a exponer las principales causas que pueden afectar a
las aguas minerales, lo que ayudará a comprender mejor la dimensión de la situación
de vulnerabilidad en la que se encuentran estos recursos y la necesidad de establecer
herramientas eficaces que garanticen su protección adecuada. De entrada, estas causas
pueden clasificarse en dos grandes grupos, en función de si los deterioros que pueden
ocasionar son de índole cuantitativa o cualitativa (Baeza Rodríguez-Caro y Fernández
Sánchez, 2000, págs. 252-253).

Por lo que respecta a los deterioros cuantitativos, deben señalarse, en primer
lugar, las posibles alteraciones de la recarga de minerales como consecuencia, entre
otros motivos, de la impermeabilización del área de recarga, la derivación de la esco-
rrentía superficial o la alteración del régimen de los ríos. Además, pueden producirse
también variaciones en el régimen de flujo o caudal de estas aguas debido a actividades
de drenaje o a un incremento de las extracciones, pudiendo incluso llegarse a provocar
el agotamiento del recurso cuando los niveles de extracción superen la capacidad de
renovación.

En cuanto a las posibles causas de los deterioros cualitativos de las aguas minerales, pueden diferenciarse, a su vez, tres subgrupos. En primer lugar, hay que señalar las infiltraciones de líquidos contaminantes derivadas de vertidos de residuos
líquidos sobre el terreno, del riego con aguas residuales, de fugas en conducciones o
depósitos subterráneos, de derrames accidentales o de precipitaciones atmosféricas
contaminantes, entre otros posibles. En segundo lugar, se encuentran las lixiviaciones
por lluvias y aguas de riego, que pueden suponer el desplazamiento de minerales o
abonos depositados en la superficie y de fertilizantes, plaguicidas y herbicidas, entre
otras sustancias empleadas con fines agrarios. Por último, puede señalarse la variación
en la composición de las aguas minerales por intrusión marina, entendida esta como la
intensificación del flujo de agua salada hacia el interior del acuífero como consecuencia
de un bombeo excesivo.

2. Los mecanismos de protección de las aguas minerales

El origen subterráneo que caracteriza las aguas minerales no es garantía suficiente de
la permanencia de su composición natural y pureza original. Como hemos visto, las
aguas minerales se encuentran expuestas a múltiples actividades que pueden alterar
sus características especiales y poner en riesgo la continuidad de los aprovechamientos
de estas aguas.

Por esta razón, el ordenamiento jurídico ha previsto una serie de instrumentos
tendentes a garantizar su protección y la seguridad de las personas, habida cuenta de

que el destino principal de estas aguas es el uso y consumo humano, cuya regulación se ha visto fortalecida con el paso del tiempo como consecuencia del mejor conocimiento de los riesgos que amenazan la conservación de las aguas minerales y sus características.

En este apartado, vamos a estudiar estos mecanismos de protección de incuestionable importancia, comenzando por los denominados perímetros de protección que regulan la LMi y el RMi y que también han sido contemplados por alguna comunidad autónoma en su normativa específica sobre aguas minerales. A continuación, veremos las normas básicas para la protección de las aguas continentales, de aplicación también a las aguas minerales en virtud del artículo 1.5 del TRLA, y finalizaremos con un breve repaso de otros instrumentos legal-administrativos que pueden servir de gran utilidad para la protección de estos recursos.

2.1 Los perímetros de protección

La figura de los perímetros de protección se origina a mediados del siglo XIX. Este mecanismo vio la luz en Francia como reacción del gobierno francés a la disminución —y en algún caso desaparición— de los manantiales que abastecían los establecimientos balnearios como consecuencia del perfeccionamiento de la técnica de los sondeos y el afloramiento de nuevas captaciones a notables profundidades[130] (Barriobero Martínez, 2006, págs. 274-277).[131]

En España, este mecanismo de protección de las aguas minerales introducido por la normativa francesa se encuentra regulado actualmente en los artículos 26 y 28 de la LMi y en los artículos 41 y 43 del RMi, completados, en el caso de Galicia, por la normativa autonómica sobre aguas minerales, que ha regulado esta figura en los artículos 13 y 17 de la Ley 5/1995, de 7 de junio, y en el artículo 18 y en el anexo I del Decreto 402/1996, de 31 de octubre, que la desarrolla.

En los párrafos siguientes, vamos a estudiar las reglas para fijar el perímetro de protección de unas aguas minerales y las consecuencias de su establecimiento, analizando también los problemas competenciales y las limitaciones que se pueden derivar

---

130 En España, la primera norma que reguló los perímetros de protección fue el Reglamento orgánico para los establecimientos de aguas minerales, de 11 de marzo de 1868, seguido por el Reglamento de baños, de 12 de mayo de 1874. Posteriormente, se reguló en el Estatuto para la explotación de los manantiales de aguas minero-medicinales de 1928, pero este únicamente reconocía en su artículo 10 el derecho del explotador de estas aguas a expropiar los manantiales de aguas minero-medicinales que, sea la que fuere su naturaleza, emergieran dentro del perímetro de protección y fueran declarados de utilidad pública, previéndose como un supuesto excepcional la posibilidad de expropiar aquella finca o industria que produjera una notable y efectiva merma en el caudal del manantial. Ahora bien, esta carencia fue superada por el Reglamento general para el régimen de la minería de 1946, que estableció la necesidad de autorizar previamente la realización de actividades subterráneas en el interior del perímetro de protección.

131 Téngase en cuenta que esta figura se introdujo, en un primer momento, para proteger las aguas minerales, sirviendo de inspiración posteriormente para la regulación de los perímetros de protección de los acuíferos que hoy regula el TRLA en su artículo 56 y que son de aplicación para las demás aguas de naturaleza subterránea.

del régimen que regula estos mecanismos que buscan proteger el acuífero y permitir su normal aprovechamiento.

2.1.1 La delimitación de los perímetros de protección

Como se vio en el capítulo anterior, la determinación de los perímetros de protección de unas aguas minerales tiene lugar en el procedimiento para autorizar la explotación de estas aguas. Recordemos que, de acuerdo con el artículo 4.1 del RMi, el solicitante deberá hacer constar en su instancia «la designación del perímetro de protección que considere necesario y su justificación avalada por técnico competente».[132]

Para delimitar el perímetro de protección será necesario el conocimiento previo del acuífero en cuestión y de la zona en la que se encuentra. En particular, será fundamental conocer la situación y las características del acuífero, su grado de vulnerabilidad frente a la contaminación, los posibles focos contaminantes, la presencia de otras captaciones cercanas, y las características y composición de las aguas que discurren por él.

Con esta información podrá determinarse el perímetro de protección empleando la técnica que resulte más apropiada para cada caso, siendo los principales métodos utilizados la fijación empírica de un círculo en torno a la captación y la determinación hidrogeológica bien del área de alimentación de la captación —sector del acuífero cuya recarga confluye hacia la captación—, bien del área de influencia —aquella donde se producen descensos de nivel por bombeos que reorientan hacia la captación el flujo subterráneo— o bien del área de tránsito —distancia o tiempo necesarios para la degradación o retención de sustancias contaminantes en su recorrido por el acuífero— (Baeza Rodríguez-Caro y Fernández Sánchez, 2000, pág. 254).

Hay que advertir que la LMi y el RMi omiten toda referencia a cualquiera de estos métodos, por lo que la elección de una u otra técnica para la determinación del perímetro será, en función de las circunstancias concurrentes en cada caso, la que considere el técnico responsable del proyecto, sin perjuicio de las consideraciones que la Administración pueda realizar posteriormente en relación tanto con la extensión del perímetro de protección como con la técnica utilizada para su determinación (Delgado Piqueras, 2009, pág. 137). Sin embargo, en el caso de la Comunidad Autónoma de Galicia, se prescribe el empleo del criterio del tiempo de tránsito, definido como «el tiempo que transcurre entre la entrada de una sustancia en el seno del acuífero y su extracción por la captación», lo que no deja de suponer un elevado carácter técnico y, en según qué casos, una difícil aplicación práctica.

---

132 Nótese que, a pesar de la indeterminación de la expresión «técnico competente», poco después este mismo precepto establece la necesidad de que el proyecto general de aprovechamiento que habrá de acompañar a la solicitud esté suscrito por ingenieros de minas, superior o técnico, según la cuantía del presupuesto. En todo caso, es evidente la finalidad de la norma de evitar la presentación de perímetros de protección con una extensión injustificada.

Como también se vio en el capítulo anterior, en la delimitación del perímetro de protección jugará un papel esencial el IGME, toda vez que este organismo deberá emitir un informe en el que tendrá que pronunciarse sobre la extensión del perímetro de protección propuesto. Si bien este informe carece de carácter vinculante, no hay que perder de vista que, como se puso de manifiesto, el IGME reviste gran autoridad técnica, por lo que el órgano autonómico que tramite el expediente tendrá especialmente en cuenta lo informado por el citado instituto a la hora de decidir si aceptar o introducir modificaciones en el perímetro propuesto por el solicitante.

El problema del trámite para determinar los perímetros de protección es más bien de índole competencial, ya que, por su inevitable desconocimiento del actual reparto de competencias, ni la LMi ni el RMi contemplaron la intervención de los organismos de cuenca a los efectos de poder pronunciarse respecto de las posibles afectaciones sobre los recursos hídricos de su competencia que pudieran existir en el interior de los perímetros de protección de las aguas minerales.[133]

2.1.2 Consecuencias del establecimiento de los perímetros de protección

Por un lado, la fijación de los perímetros de protección confiere a los titulares de los aprovechamientos de aguas minerales dos facultades, recogidas en las letras b) y c) del artículo 43.1 del RMi.

La primera de ellas consiste en el derecho a impedir la realización de cualquier trabajo o actividad dentro del perímetro de protección que pueda perjudicar al acuífero o a su normal aprovechamiento. Se trata, dada la redacción del precepto, de una facultad muy amplia, toda vez que no se exige la producción de un daño real y efectivo para que el titular de la explotación pueda impedir la actividad que un tercero pretenda llevar a cabo dentro de la superficie del perímetro de protección, bastando con que sea potencialmente perjudicial. Además, en cualquier caso, esta facultad ha de entenderse sin perjuicio del derecho del titular a reclamar por los daños y perjuicios que, efectivamente, le hubieran ocasionado,[134] así como a ejercitar otras acciones, como la acción negatoria de servidumbre[135] o las clásicas acciones interdictales.[136]

Por lo que respecta a la segunda facultad, se trata del derecho a aprovechar todas las aguas minerales que se encuentren dentro del perímetro de protección que se haya delimitado, con la única condición de que estas pertenezcan al mismo acuífero, evitándose así que los titulares de explotaciones de aguas minerales puedan ver men-

---

133 *Vid.* apartado 2.1.2, donde se profundizará en los problemas de índole competencial derivados del establecimiento de los perímetros de protección.

134 Art. 1902 del CC.

135 Art. 590 del CC.

136 Arts. 439 y 250 de la LEC.

guados sus aprovechamientos como consecuencia de la explotación por terceros de aguas minerales que provengan del mismo acuífero.

Por otro lado, el mismo artículo 43.1, letra c), del RMi establece una previsión de enorme trascendencia, más que por sus efectos prácticos, por los problemas competenciales y limitaciones que puede implicar. Nos estamos refiriendo a la exigencia de autorización previa por parte del órgano autonómico competente a los titulares de los terrenos situados en el interior del perímetro de protección que pretendan realizar cualquier trabajo subterráneo en estos.

En primer lugar, ha de criticarse que el precepto solo haga referencia a trabajos de naturaleza subterránea, cuando, como hemos visto, existen múltiples actividades desarrolladas en la superficie que pueden tener graves efectos en la calidad y cantidad de las aguas minerales. En este sentido, se echa en falta también una mayor concreción de los trabajos sujetos a autorización para reducir la inseguridad jurídica que genera este precepto, de modo similar a como lo ha hecho la ley gallega.

En efecto, la Comunidad Autónoma de Galicia ha previsto una detallada regulación de la figura de los perímetros de protección, distinguiendo en el artículo 13 de la Ley 5/1995, de 7 de noviembre, y en el artículo 12 del Decreto 402/1996, de 31 de octubre, que lo desarrolla, tres zonas dentro de los citados perímetros en las cuales se prohíben o se condicionan determinadas actividades, tanto superficiales como subterráneas, que se considera que pueden perjudicar los aprovechamientos de aguas minerales.[137]

En segundo lugar, hay que señalar las implicaciones sobre el derecho de propiedad de lo dispuesto en el comentado artículo 43.1, letra c), del RMi. Y es que en ningún momento se reconoce a los titulares de los terrenos situados en el interior de los perímetros de protección el derecho a ser indemnizados por el deber de soportar las limitaciones que supone la previa obtención de una autorización de ciertas actividades. No obstante, como apunta Delgado Piqueras (2009, págs. 139-140), nos encontraríamos ante una limitación al derecho de propiedad por razones de utilidad social, en atención a la declaración de utilidad pública inherente a la autorización de aprovechamiento de las aguas minerales, limitación que, por su carácter general, no da lugar a indemnización.

---

137 Así, en las denominadas zonas de restricciones máximas, limitadas a la zona de la captación y sus instalaciones, solo se podrán realizar las actividades derivadas de la propia explotación y de sus instalaciones. En las zonas de restricciones medias, por su parte, están prohibidas todas las actividades que se relacionan en el anexo I del citado decreto, las cuales se encuentran divididas en cinco grupos, dependiendo de si se refieren a residuos peligrosos, residuos urbanos o municipales, residuos radioactivos, vertidos superficiales o a otros vertidos. Por último, en la zona de restricciones mínimas, la más alejada de la captación, se prohíben también las actividades recogidas en el anexo I, con la salvedad de aquellas relativas a residuos urbanos o municipales —depósitos controlados, estaciones de transferencia o plantas de valorización— o a otros vertidos —vertidos o almacenamientos profundos, mediante pozos, zanjas, galerías, inyecciones o acúmulos en estructuras subterráneas—, que sí estarían permitidas.

Por último, no pueden dejar de advertirse los problemas de índole competencial derivados del otorgamiento de estas autorizaciones para la realización de trabajos de naturaleza subterránea en el interior de los perímetros de protección. Ello por cuanto, de acuerdo con la jurisprudencia constitucional, este trámite puede suponer la injerencia de los organismos autonómicos competentes para expedir este título en las competencias de otras Administraciones concurrentes sobre el mismo espacio físico, como puede ser la competencia atribuida en el artículo 74 del TRLA a los organismos de cuenca para el otorgamiento de autorizaciones en materia de investigación de aguas subterráneas.

Como ha reiterado el Tribunal Constitucional, hay cabida, sobre un mismo espacio físico, para el ejercicio de competencias de Administraciones públicas diferentes, sin que ello suponga necesariamente alterar la actual organización competencial del Estado.[138] Ahora bien, en todo caso, es necesario que las competencias concurrentes tengan un objeto jurídico distinto y que el ejercicio de una competencia no excluya o perturbe el de la otra, estando las Administraciones «llamadas a cohonestarse» y a establecer mecanismos de colaboración, coordinación y cooperación a fin de lograr la integración de sus respectivos títulos competenciales.[139]

Concretamente, respecto de la exigencia de una autorización autonómica, en algunos supuestos enjuiciados en materia de pesca fluvial, el Tribunal Constitucional ha manifestado que esta no supone, en sí misma, una intromisión en las competencias que los organismos de cuenca tengan atribuidas en el mismo espacio físico, pero sí iría en contra del orden constitucional de competencias cuando la comunidad autónoma exija una «autorización independiente» y «sin articulación alguna con las competencias del organismo de cuenca», lo que conduciría a un «inevitable desconocimiento de las competencias concurrentes ajenas».[140]

En el caso que nos ocupa, la normativa estatal en materia de minas no prevé —ni pudo prever— mecanismo alguno de articulación entre las competencias autonómicas sobre las aguas minerales y las de los organismos de cuenca respecto de los demás recursos hídricos, así como tampoco se ha contemplado por las comunidades

---

138 SSTC 113/1983, de 6 de diciembre (Pleno, conflicto de competencia núm. 295/1982, ponente: Francisco Pera Verdaguer, FJ 1), y 77/1984, de 3 de julio (Pleno, conflicto de competencia núm. 250/1982, ponente: Ángel Latorre Segura, FJ 2), entre otras.

139 SSTC 32/1983, de 28 de abril (Pleno, conflictos de competencia núm. 94 y 95/1982, ponente: Francisco Tomás y Valiente, FJ 2); 76/1983, de 5 de agosto (Pleno, recursos núm. 311, 313, 314, 315 y 316/1982, ponente: Gloria Begué Cantón, FJ 11 y 14); 103/1989, de 8 de junio (Pleno, recursos núm. 682 y 683/1984, ponente: Álvaro Rodríguez Bereijo, FJ 7); 149/1991, de 4 de julio (Pleno, recursos núm. 1689, 1708, 1711, 1715, 1717, 1723, 1728, 1729, 1749/88, ponente: Francisco Rubio Llorente, FJ 4); 13/1992, de 6 de febrero (Pleno, recursos núm. 542/1988 y 573/1989, ponente: Álvaro Rodríguez Bereijo, FJ 13); 36/1994, de 10 de febrero (Pleno, recurso núm. 1169/1987, ponente: Carles Viver Pi-Sunyer, FJ 3); o 15/1998, de 22 de enero (Pleno, recurso núm. 2559/1992, ponente: Álvaro Rodríguez Bereijo, FJ 3), entre otras.

140 SSTC 15/1998, de 22 de enero (Pleno, recurso núm. 2559/1992, ponente: Álvaro Rodríguez Bereijo, FJ 8); 110/1998, de 21 de mayo (Pleno, recurso núm. 749/1993, ponente: Manuel Jiménez de Parga y Cabrera, FJ 4) y 166/2000, de 15 de junio (Pleno, recurso núm. 1997/1993, ponente: Manuel Jiménez de Parga y Cabrera, FJ 5).

autónomas que han desarrollado normativa en materia de aguas minerales. Por lo tanto, sería conveniente que se previera la participación de los organismos de cuenca en el procedimiento para autorizar las actividades que se pueden llevar a cabo en el interior de los perímetros de protección para poder pronunciarse sobre su posible incidencia sobre los recursos hídricos de su competencia, así como también, como hemos visto en el apartado anterior, en el procedimiento para autorizar el aprovechamiento de unas aguas minerales, concretamente, a la hora de fijarse el perímetro de protección.

De acuerdo con alguno de los pronunciamientos jurisprudenciales aludidos, parece que el trámite de informe previo constituiría una herramienta adecuada para integrar la voluntad de la Administración hidráulica en estos procedimientos.[141] En este sentido se ha pronunciado Barriobero Martínez (2006, pág. 287), señalando que deberían introducirse los informes preceptivos contenidos en el artículo 25.4 del TRLA —pendiente, no obstante, de desarrollo reglamentario—[142] como mecanismo de articulación de las competencias autonómicas y de los organismos de cuenca sobre las aguas minerales y termales y sobre los demás recursos hídricos, respectivamente.

Por lo tanto, a la vista de lo expuesto, sería conveniente que el legislador estatal delimitase mejor los trabajos subterráneos sujetos a autorización autonómica para su realización en el interior de los perímetros de protección, incluyendo, además, actividades superficiales que también puedan afectar a la calidad y cantidad de los aprovechamientos de las aguas minerales, y previendo, en todo caso, su valoración por parte de los organismos de cuenca mediante la emisión de un informe previo en el que pudiera hacerse constar si las actividades que se pretenden autorizar perjudican a los recursos hídricos de su competencia.

2.2 Las normas básicas de protección de las aguas continentales

La protección cuantitativa y cualitativa de las aguas constituye una de las principales preocupaciones del derecho medioambiental. En España, esta preocupación llegó de la

---

141 A este respecto, la STC 103/1989, de 8 de junio (Pleno, recursos 682/1984 y 683/1984, ponente: Álvaro Rodríguez Bereijo), que resuelve los recursos de inconstitucionalidad interpuestos por la Xunta de Galicia, señala que los informes vinculantes en materia de defensa, seguridad de la navegación, turismo y puertos y costas establecidos en el artículo 10.2 de la Ley 23/1984, de 25 de junio, de cultivos marinos, impugnado por esta Administración, «no suponen, en el caso de que alguno de ellos hubiera de recabarse de un "Organismo" de la Administración estatal, una constricción ilegítima de las competencias autonómicas sobre cultivos marinos, sino un expediente de acomodación o integración entre dos competencias concurrentes —estatal y autonómica— que, partiendo de títulos diversos y con distinto objeto jurídico, convergen sobre un mismo espacio físico, y que están llamadas, por consiguiente, a cohonestarse. Ello basta para rechazar la impugnación deducida frente a este art. 10» (FJ 7).

142 A tenor literal de este precepto, «las Confederaciones Hidrográficas emitirán informe previo, en el plazo y supuestos que reglamentariamente se determinen, sobre los actos y planes que las Comunidades Autónomas hayan de aprobar en el ejercicio de sus competencias, entre otras, en materia de medio ambiente, ordenación del territorio y urbanismo, espacios naturales, pesca, montes, regadíos y obras públicas de interés regional, siempre que tales actos y planes afecten al régimen y aprovechamiento de las aguas continentales o a los usos permitidos en terrenos de dominio público hidráulico y en sus zonas de servidumbre y policía, teniendo en cuenta a estos efectos lo previsto en la planificación hidráulica y en las planificaciones sectoriales aprobadas por el Gobierno».

mano de la Constitución de 1978 y el deber de los poderes públicos de velar por la utilización racional de los recursos naturales introducido por el artículo 45 de la CE. No obstante, es a partir de 1986, con la entrada de España en la Unión Europea, cuando se produjo un verdadero cambio debido a la necesidad de incorporar al ordenamiento jurídico español las diferentes disposiciones europeas en materia de calidad de las aguas.

Ello explica que el TRLA recoja un conjunto de instrumentos dirigidos a velar por la protección y el buen estado de las aguas, de los cuales las aguas minerales, en un primer momento, no pudieron disfrutar debido a su exclusión total del ámbito de aplicación de la legislación general sobre aguas, si bien es cierto que su protección estaba garantizada, al menos en parte, gracias a los perímetros de protección. Sin embargo, hoy, tras la reforma del TRLA llevada a cabo por la Ley 62/2003, de 30 de diciembre, las normas básicas de protección de las aguas, reguladas en el título V,[143] sí forman parte del acervo normativo que rige las aguas minerales, sin perjuicio de la remisión a su legislación específica para todo lo demás, excluyéndolas de la mayor parte de los principios de gestión previstos en el TRLA.[144]

Por lo tanto, como punto de partida, debe tenerse en cuenta que a las aguas minerales les resultan aplicables los objetivos de protección y los objetivos medioambientales que regulan los artículos 92 y 92 bis del TRLA, respectivamente, y que, en términos generales, persiguen la prevención del deterioro, el uso sostenible y el buen estado de todas las aguas, tanto superficiales como subterráneas. Sin embargo, otras técnicas de protección, tanto preventivas como activas, también pueden ponerse en relación con los mecanismos que, específicamente, buscan proteger las aguas minerales —fundamentalmente, los perímetros de protección—, además del régimen sancionador previsto en el artículo 116 y siguientes del TRLA.

Por un lado, hay que destacar la figura del Registro de Zonas Protegidas, regulada en el artículo 99 bis del TRLA, que introdujo la citada Ley 62/2003, de 30 de diciembre, con el propósito de que determinadas zonas que han sido declaradas objeto de protección especial en virtud de su normativa específica estén identificadas en todo momento a fin de garantizar sus necesidades de mayor protección.[145]

---

143 Arts. 92 a 99 bis del TRLA.

144 Adviértase, no obstante, que algún autor considera que podrían ser también aplicables a las aguas minerales las medidas establecidas en el artículo 56 del TRLA para la protección de aguas, como son la declaración de acuífero sobreexplotado y los perímetros de protección del acuífero (Delgado Piqueras, 2009, págs. 133-135).

145 Recuérdese que la Ley 62/2003, de 30 de diciembre, introdujo en el ordenamiento jurídico español la Directiva Marco de Aguas, que regula el Registro de Zonas Protegidas en su artículo 6, que comprenderá todas las masas de agua especificadas en el anexo IV:

«i) zonas designadas para la captación de agua destinada al consumo humano con arreglo al artículo 7,

ii) zonas designadas para la protección de especies acuáticas significativas desde un punto de vista económico,

iii) masas de agua declaradas de uso recreativo, incluidas las zonas declaradas aguas de baño en el marco de la Directiva 76/160/CEE,

iv) zonas sensibles en lo que a nutrientes respecta, incluidas las zonas declaradas vulnerables en virtud de la Directiva 91/676/CEE y las zonas declaradas sensibles en el marco de la Directiva 91/271/CEE, y

v) zonas designadas para la protección de hábitats o especies cuando el mantenimiento o la mejora del

La importancia de este registro para las aguas minerales es de gran alcance, pues, en la medida en que el citado artículo incluye, entre las zonas que necesariamente han de figurar en él, los perímetros de protección de las aguas minerales, posibilita que, de algún modo, los organismos de cuenca tengan conocimiento de estas zonas que buscan proteger los aprovechamientos de aguas minerales. Ello por cuanto, en los planes hidrológicos de cuenca establecidos para la ordenación de los recursos hídricos existentes en cada cuenca, tras la aprobación del Real Decreto 907/2007, de 6 de julio, por el que se aprueba el Reglamento de la Planificación Hidrológica, debe constar un resumen del Registro de Zonas Protegidas en el que, tal y como hemos visto, han de estar inscritos los perímetros de protección de las aguas minerales, lo que, sin duda, contribuye a la protección de los aprovechamientos de estas aguas y a la mejor gestión del conjunto de los recursos hídricos.

Por otro lado, la prohibición general de realizar vertidos, directos o indirectos y de cualquier tipo, en el dominio público hidráulico y la sujeción de cualquier vertido al régimen de autorización previa —la denominada autorización de vertido— constituyen otra herramienta prevista por la normativa hidráulica que resulta fundamental para la protección adecuada de las aguas minerales. Y es que, como señala Casado Casado (2002, págs. 46-47), «cualquier intento de aproximación a la problemática de la calidad de las aguas desde una perspectiva jurídica exige tener en cuenta la normativa reguladora de los vertidos, ya que si bien no son la única causa de su contaminación, sí son la principal y, en consecuencia, constituyen el núcleo de su problemática», por lo que no es de extrañar que «en el contexto actual de preocupación por la calidad de las aguas que preside nuestro ordenamiento jurídico, la ordenación de los vertidos ocupe un lugar de primer orden».[146]

Esta figura se regula en los artículos 100 a 108 del TRLA y se desarrolla en los artículos 245 a 254 del RDPH, que prevén disposiciones específicas para vertidos realizados en acuíferos y aguas subterráneas. Véase, por ejemplo, la necesidad de realizar un estudio hidrogeológico previo que demuestre la inocuidad del vertido en el medio receptor[147] y señale las condiciones adicionales que deberán establecerse en las autorizaciones de vertidos a aguas subterráneas.[148]

Sobre este último aspecto, hay que señalar que el artículo 259 del RDPH fue modificado recientemente por el RD 665/2023, de 18 de julio, introduciéndose la necesidad de determinar en el condicionado de estas autorizaciones, en su caso, un plan de vigilancia de la calidad de las aguas subterráneas que especifique los paráme-

---

estado de las aguas constituya un factor importante de su protección, incluidos los puntos Natura 2000 pertinentes designados en el marco de la Directiva 92/43/CEE y la Directiva 79/409/CEE.»

146 *Vid.* la tesis doctoral de la Dra. Lucía Casado Casado para profundizar en la problemática de la contaminación de las aguas continentales por vertidos y el marco jurídico que los regula: Casado Casado, Lucía (2002). *Los vertidos en aguas continentales: régimen jurídico-administrativo.* Tesis doctoral, Universidad Autónoma de Barcelona.

147 Art. 102 del TRLA.

148 Art. 259 del RDPH.

tros de control y la frecuencia del análisis, y que podrá incluir también la instalación de una red piezométrica de control y el muestreo de puntos de agua próximos. Se trata, no cabe duda, de una importante herramienta para la protección de todas las aguas subterráneas, en general, y de las aguas minerales, en particular, aunque se echa en falta la referencia expresa que, con anterioridad a la reforma de 2023, el artículo 259 del RDPH hacía a las aguas minerales, al prever la necesidad de determinar en el condicionado de las autorizaciones de vertido a aguas subterráneas «las precauciones que resultasen indispensables teniendo en cuenta la naturaleza y concentración de las sustancias presentes en los efluentes, las características del medio receptor, así como la proximidad de captaciones de agua, y, en particular, las de agua potable, termal y mineral», lo que suponía un reconocimiento expreso de la especial protección que necesitan las aguas minerales.

2.3 Otros mecanismos de protección

La protección de los recursos naturales no puede abordarse de forma aislada y a través únicamente de los instrumentos contemplados por su normativa sectorial específica y desde la óptica de una sola Administración territorial. Para alcanzar un nivel adecuado de protección de los recursos naturales, deben ponerse en conexión los diferentes mecanismos que la Administración puede adoptar, en el ejercicio de su función pública, con el fin de preservar el medio ambiente, cuya eficacia dependerá del grado de cooperación de las diferentes Administraciones públicas implicadas.

Las aguas minerales no son ajenas a esta realidad. Por el contrario, sus especiales características de composición y pureza, que han de mantenerse constantes en todo momento, su vulnerabilidad frente a la contaminación y su destino principal para el consumo humano exigen la aplicación efectiva de los diferentes instrumentos legal-administrativos que el ordenamiento jurídico pone a su disposición, así como un alto grado de cooperación interadministrativa, el cual, no obstante, dista bastante de haberse conseguido hasta el momento.

Además de los mecanismos básicos para la protección de las aguas minerales y de la necesaria coordinación entre las Administraciones con competencia sobre las aguas minerales y sobre los demás recursos hídricos, son de enorme importancia para la protección de las aguas minerales otros instrumentos previstos en materia de aguas residuales y vertidos urbanos, evaluación de impacto ambiental, actividades clasificadas o contaminación por nitratos, entre otras (Baeza Rodríguez-Caro y Fernández Sánchez, 2000, págs. 257-258).

Particularmente, hay que destacar el papel del derecho urbanístico como una de las herramientas más eficaces para la protección y mejora, más allá del suelo, de los recursos que integran el medio ambiente y de la calidad de vida, así como para alcanzar el equilibrio económico y social del territorio y coordinar las diferentes actuaciones sectoriales (Alonso Timón, 2012, pág. 75 y ss.). En el caso concreto de las aguas minerales, la regulación del suelo y, en particular, el planeamiento, pueden tener una gran incidencia sobre los aprovechamientos de estas aguas y viceversa, teniendo en cuenta las importantes limitaciones que sus perímetros de protección suponen en cuanto a la realización de un importante número de actividades en su interior, lo que no implica, no obstante, que estos sean incompatibles.[149]

En este sentido, puede señalarse que los planes generales municipales deben establecer los criterios para la delimitación, en su caso, de zonas que deban sujetarse a una «especial legislación protectora por razón de la materia», que podrá completarse con las medidas de protección que se consideren necesarias, tales como la prohibición de desarrollar determinadas actividades o la imposición de actuaciones cuyo fin sea evitar la degradación de cualquier recurso del medio ambiente,[150] lo que deja abierta la posibilidad de que los citados planes prevean medidas de protección derivadas de la existencia de aprovechamientos de aguas minerales en el ámbito territorial definido por el plan.

Sin embargo, en el caso de los perímetros de protección de las aguas subterráneas declaradas en riesgo de no alcanzar el buen estado cuantitativo o cualitativo, el artículo 173.2 del RDPH obliga a los organismos de cuenca a trasladar al Catastro, al Registro de la Propiedad y a las Administraciones competentes toda la información relativa a estos perímetros «al objeto de que esta delimitación y condiciones vinculen en la elaboración de los instrumentos de ordenación y planeamiento urbanístico, los cuales contendrán las previsiones adecuadas para garantizar la no afección de los recursos hídricos de estas masas». A la vista de lo expuesto, resulta criticable que en este precepto no se haya incluido también una referencia a los perímetros de protección de las aguas minerales, echándose en falta, por lo tanto, la previsión de mecanismos de coordinación específicos con los diferentes planes territoriales y urbanísticos.

---

149 *Vid.* la citada STS, de 14 de enero de 1994, que desestimó el recurso de apelación presentado por el Ayuntamiento de Arnedillo contra la Sentencia de la Sala de lo Contencioso-Administrativo del Tribunal Superior de Justicia de La Rioja que había desestimado el recurso contencioso-administrativo interpuesto por la citada apelante contra la resolución del consejero de Industria, Trabajo, Turismo y Comercio de la comunidad autónoma por la que se determinaba la superficie afectada por el perímetro de protección del manantial Balneario de Arnedillo. El ayuntamiento apelante consideraba que debía excluirse del perímetro de protección del citado balneario la parte que se integraba en el casco urbano de la localidad, por entender que ello quebrantaba la autonomía municipal y afectaba a los proyectos del ayuntamiento. Sin embargo, el Tribunal Supremo consideró que «ni el Ayuntamiento apelante ha acreditado que el perímetro señalado invadiera terrenos urbanos ni la delimitación de la zona de protección se opone a la ordenación municipal y de la zona, atendiendo al objetivo de protección del acuífero concretado a los trabajos o actividades que puedan perjudicar el aprovechamiento normal de las aguas» (FJ 6), lo que significa que la Administración local debe adaptarse a la realidad física del territorio a la hora de ejercitar sus facultades en materia de planeamiento urbanístico.

150 Artículo 27 del Real Decreto 2159/1978, de 23 de junio, por el que se aprueba el Reglamento de Planeamiento para el desarrollo y aplicación de la Ley sobre Régimen del Suelo y Ordenación Urbana.

3. Los mecanismos de control y vigilancia de las aguas minerales

El último bloque de mecanismos orientados a garantizar la protección de las aguas minerales lo constituyen aquellos controles que tanto los propios titulares de estos aprovechamientos como las autoridades competentes deberán realizar al objeto de comprobar y asegurar el mantenimiento de todas las exigencias aplicables a estos recursos. En este sentido, no puede olvidarse la vertiente preventiva que tienen las inspecciones, ligada al efecto disuasorio de las sanciones administrativas que, como resultado de aquellas, la Administración pudiera llegar a imponer a los responsables de estas explotaciones por el incumplimiento de las obligaciones que les son aplicables o la inobservancia de los requisitos que deben reunir estas aguas.

Debe partirse de que ni la LMi ni el RMi establecen los requisitos que deben reunir las explotaciones de aguas minerales a fin de garantizar la permanencia de las características especiales de estas aguas y de protegerlas cualitativamente, así como tampoco las inspecciones que deberán practicarse en ellas, lo que, como ya señaló Villar Ezcurra (1980, pág. 111), obedece a que «el propósito de la Ley de Minas no va más allá del establecimiento y regulación de las condiciones propias del aprovechamiento minero». Es por ello por lo que, para observar los controles e inspecciones que han de realizarse sobre los aprovechamientos de aguas minerales, hay que saltar de la normativa estatal en materia de minas a otras parcelas del ordenamiento jurídico.

Por un lado, habrá que estar a lo dispuesto en la normativa técnico-sanitaria aplicable a aquellas aguas minerales que se destinen al consumo humano: el Real Decreto Ley, de 25 de abril, por el que se aprueba el Estatuto sobre la explotación de manantiales de aguas minero-medicinales de 1928, cuando estas se utilicen en forma de baños en los establecimientos balnearios,[151] y el RD 1798/2010, cuando se consuman como agua de bebida envasada. Y, por otro lado, en aquellas comunidades autónomas que hayan dictado normas específicas sobre aguas minerales, habrá que ver lo previsto en ellas sobre esta cuestión particular, respetando, en todo caso, la normativa básica del Estado en materia de sanidad dictada al amparo del artículo 149.1.16 de la CE.

Por lo que respecta al Estatuto de 1928, debe llamarse la atención sobre su obsoleto contenido, tanto a la hora de aludir a las autoridades competentes para inspeccionar estos establecimientos balnearios[152] como desde el punto de vista técnico, por su inevitable desconocimiento del progreso científico alcanzado en la actualidad. Así, se prevé que las inspecciones ordinarias se lleven a cabo bimensualmente, pero al mero objeto de realizarse comprobaciones relativas «a la observancia de la higiene, y en

---

151 Adviértase que la disposición final quinta de la LMi derogó parcialmente el Estatuto de 1928, dejando vigente el título V, en el que se regulan, entre otros aspectos, las inspecciones sanitarias que habrán de llevarse a cabo en los establecimientos balnearios en los que se utilicen aguas minerales.

152 La norma encomienda la inspección sanitaria a los «Inspectores provinciales de Sanidad», referencia que, en la actualidad, ha de entenderse realizada a favor de los inspectores de sanidad de la comunidad autónoma (art. 61).

especial al abastecimiento de aguas y evacuaciones de inmundicias así como en cuanto a la extracción de agua y su aireación»,[153] sin que nada se establezca sobre el mantenimiento de las especiales características que justificaron la calificación de las aguas como minerales. Únicamente cada diez años una comisión, compuesta por un médico, un químico y un ingeniero de minas de la comunidad autónoma, deberá llevar a cabo una inspección extraordinaria para realizar un análisis de las aguas y determinar el caudal de estas, cuyo resultado se deberá comunicar a los órganos autonómicos competentes en materia de aguas minerales y sanidad.[154]

Por su parte, el RD 1798/2010 contiene una regulación del control e inspección de las aguas minerales naturales mucho más detallada y acorde al progreso científico de la época, heredada del RD 1164/1991, que transpuso al ordenamiento jurídico español la Directiva 80/777, mediante la cual se armonizaron las legislaciones de los Estados miembros en materia de aguas minerales naturales, introduciéndose, entre otras cuestiones, una rigurosa regulación de los mecanismos de control sobre las industrias que comercialicen estas aguas.

El RD 1798/2010 contempla la realización de las inspecciones periódicas que las autoridades competentes de cada comunidad autónoma establezcan al objeto de comprobar que las aguas minerales naturales mantienen sus características y que las explotaciones cumplen con las obligaciones que les son aplicables y disponen de los títulos necesarios.[155] Pero, además, esta norma técnico-sanitaria aplicable a las aguas minerales naturales recoge otras medidas que deberán adoptar los propios titulares de las explotaciones, que van desde la inscripción en el Registro General Sanitario de Empresas Alimentarias y Alimentos[156] a la realización de diferentes autocontroles, sin perjuicio de aquellos otros que las autoridades sanitarias les exijan ante posibles riesgos para la salud.[157] Así, los responsables de estas explotaciones deberán analizar muestras de producto terminado en cada jornada laboral y trimestralmente, y realizar análisis del agua en los puntos de surgencia cada cinco años, a fin de comprobar que las aguas no sufren ningún tipo de contaminación y cumplen todos los parámetros que les son aplicables,[158] debiendo interrumpir la actividad de envasado si se comprueba que el agua está contaminada o no reúne las características esperadas.

---

153 Art. 64 del Estatuto de 1928.
154 Art. 66 del Estatuto de 1928.
155 Art. 15 del RD 1798/2010.
156 Art. 13 del RD 1798/2010.
157 Art. 14 del RD 1798/2010.
158 En cuanto a los análisis que se deberán llevar a cabo en cada jornada laboral, estos deberán contener, como mínimo, los parámetros indicadores de contaminación microbiológica, medidas de conductividad eléctrica y pH. Los análisis trimestrales, por su parte, contendrán, al menos, todos los parámetros microbiológicos, los componentes mayoritarios y aquellos otros que caractericen al agua analizada. Y, por último, en los análisis que, cada cinco años, se realicen en los puntos de emergencia, deberán plasmarse los mismos parámetros que en el análisis trimestral y, además, los parámetros físico-químicos. En cualquier caso, estos análisis podrán realizarse, total o parcialmente, en un laboratorio propio, en la misma planta de envasado o en un laboratorio ajeno, siempre y cuando quede ase-

Por último, como se advirtió, no hay que perder de vista que aquellas comunidades autónomas que han desarrollado sus competencias normativas en materia de aguas minerales han previsto disposiciones relativas al control y la vigilancia de estas aguas. Si bien es cierto que estas previsiones autonómicas no aportan grandes cambios respecto de lo dispuesto en el RD 1798/2010 —ello por cuanto las comunidades autónomas tomaron como punto de partida el RD 1164/1991—, hay que decir que las normativas autonómicas, en la medida en que se aplican mayoritariamente a todas las aguas minerales con independencia del destino que se les vaya a dar, han servido para paliar, en cierto modo, la parquedad del Estatuto de 1928 en relación con las aguas minerales empleadas en los balnearios existentes en sus respectivos territorios.

Por lo tanto, a la vista de lo expuesto en este apartado, queda clara la importancia de los mecanismos de control y vigilancia de las aguas manantiales como una garantía más de su protección, y la necesidad de que la Administración estatal desarrolle una reglamentación técnico-sanitaria coherente con la estructura actual del Estado y el nivel científico alcanzado, y aplicable a todas las aguas minerales que, debido a sus propiedades beneficiosas para la salud, se consumen en forma de baños en los establecimientos balnearios.

---

gurada la competencia técnica de estos, la calidad de los resultados y la aplicación de métodos analíticos conformes con la UNE-EN ISO/IEC-17025.

Conclusiones

PRIMERA. La denominación *agua mineral* hace referencia a un estándar de calidad que indica aptitud para determinados usos y que diferencia estas aguas del resto de aguas «ordinarias». Ello se debe a las especiales características que presentan estos recursos, estrechamente vinculadas a su procedencia subterránea y que, fundamentalmente, son tres: una elevada concentración de determinadas sustancias químicas en disolución, pureza original y constancia de sus características esenciales.

De estos atributos, por un lado, se pueden extraer algunos factores que definen el contexto geológico idóneo para que unas aguas puedan considerarse como minerales, tales como el tiempo de residencia en el subsuelo, la profundidad del acuífero o las características estructurales, litológicas y biológicas de las zonas que atraviesan las aguas, entre otros. Por otro lado, estas peculiares características que presentan las aguas minerales son las que las hacen adecuadas para determinados usos, siendo este el criterio empleado para establecer su clasificación. Así, hablaremos de aguas *minero-industriales* cuando sean susceptibles de aprovecharse con fines industriales o mineralúrgicos, ya sea mediante la separación de sus componentes o su aplicación directa en la preparación de sales, gases u otros productos; mientras que nos referiremos a ellas como aguas *minero-medicinales* cuando, por sus efectos beneficiosos para el organismo, derivados de su especial composición, se destinen al consumo humano, bien sea en aplicaciones terapéuticas en forma de baños o bien como agua de bebida envasada, en cuyo caso reciben el nombre de *agua mineral natural*, siendo este último el principal uso dado a estos recursos.

SEGUNDA. Las aguas minerales tienen, como su propio nombre indica, una naturaleza híbrida —hídrica y mineral—, que es la causa de que el marco normativo que les resulta aplicable no tenga un carácter homogéneo. Es por ello por lo que, para observar la definición de las aguas minerales que ofrece nuestro ordenamiento jurídico, debemos acudir a dos disposiciones de ámbitos muy distintos: por un lado, el concepto de las aguas minero-industriales y de las aguas minero-medicinales utilizadas con fines terapéuticos en establecimientos balnearios lo encontramos en la legislación minera, mientras que, en el caso de las aguas minerales naturales, hay que acudir a la definición prevista en su reglamentación técnico-sanitaria.

La actual Ley de Minas, que data del año 1973, no hizo, como tampoco su predecesora, referencia alguna a los parámetros físico-químicos concretos que deben presentar unas aguas para que se puedan considerar minerales, obligando a acudir al concepto que, para estas aguas, ofrece la hidrogeoquímica. Ahora bien, la LMi sí hizo una importante aportación al aclarar que las aguas termales —aquellas cuya temperatura de surgencia es superior a cuatro grados— son una categoría diferenciada de las aguas minerales, una cuestión que no fue abordada hasta 1973 por ninguna normativa, entendiéndose que la termalidad era una característica que podía servir para atribuir a unas aguas la condición de minerales.

La normativa técnico-sanitaria aplicable a las aguas minerales naturales, por su parte, se encuentra en el RD 1798/2010, que determina la ordenación jurídica de las aguas minerales destinadas para consumo humano en forma de bebida, junto con la de las denominadas *aguas de manantial*. La definición que el RD 1798/2010 ofrece de estas aguas es mucho más completa que la que recoge la legislación minera, fijando ya, con un gran nivel de detalle, los parámetros que deben reunir unas aguas para que se puedan clasificar como minerales naturales. Ello se debe a que esta definición, heredada de las dos anteriores reglamentaciones técnico-sanitarias, fue tomada de la Directiva 80/777, que introdujo una nueva definición de las aguas minerales naturales con el fin de armonizar las legislaciones de los Estados miembros en la materia.

Por lo que respecta a las aguas de manantial, el hecho de que, tanto a nivel europeo como nacional, se regulen junto con las aguas minerales naturales y de forma separada de las demás aguas destinadas al consumo humano no significa que pertenezcan al grupo de las aguas minerales. Si bien el legislador no ha abordado expresamente esta cuestión y es posible encontrar algunas contradicciones en la normativa, siguiendo la tesis mantenida por el Tribunal Supremo, debe sostenerse que las aguas de manantial son aguas comunes que, si bien comparten con las aguas minerales su procedencia subterránea y están, en mayor o menor medida, dotadas de ciertos componentes en disolución, se encuentran sometidas al régimen general aplicable a los recursos hídricos, sin perjuicio de que les sean aplicables disposiciones de índole procedimental y condiciones de comercialización comunes a las de las aguas minerales naturales. En cualquier caso, es evidente la conveniencia de que el legislador estatal disipe cualquier duda al respecto, reconociendo expresamente que las aguas de manantial no pertenecen a la categoría de las aguas minerales y eliminándose cualquier disposición que pueda dar lugar a error respecto de la naturaleza de estas aguas.

TERCERA. El interés de las aguas minerales, desde el punto de vista de su régimen jurídico, reside en que estas cuentan con un marco competencial y normativo específico y diferenciado del aplicable al resto de las aguas, lo que plantea importantes problemas para la adecuada gestión y protección de estos recursos. Este tratamiento jurídico diferenciado obedece a que, desde las primeras regulaciones a comienzos del siglo XIX, el legislador ha ido aproximando estas aguas al régimen minero hasta, en 1973, categorizarlas como auténticos recursos mineros de la sección B de la LMi, llevando al constituyente, pocos años después, a establecer un marco competencial para estas aguas diferente al de los demás recursos hídricos.

El artículo 148.1.10 de la CE atribuyó incuestionablemente a las comunidades autónomas la competencia sobre las aguas minerales —y termales—, competencia que deben ejercitar respetando, en todo caso, los títulos estatales concurrentes. En este caso, se trata, fundamentalmente, de las competencias del Estado recogidas en los artículos 149.1.25 y 149.1.16 de la CE, que lo habilitan para sentar las bases de la minería y para desarrollar las condiciones técnico-sanitarias que rigen estas aguas cuando se destinen al consumo humano, respectivamente. No obstante, el problema radica en determinar el efecto limitador de la LMi y su reglamento de desarrollo, toda vez que, por su carácter preconstitucional, ninguna de estas normas determina cuáles de sus preceptos constituyen normativa básica. Si bien existe cierto consenso doctrinal en cuanto a que el concepto de agua mineral entraría dentro del ámbito de la legislación básica del Estado, no es así respecto de los requisitos procedimentales, siendo, por tanto, el legislador autonómico quien, de acuerdo con la jurisprudencia constitucional recaída, deba deducir racionalmente tal carácter del contenido de dichas normas.

Por lo tanto, lo más conveniente sería que el legislador estatal elaborase una ley básica sobre aguas minerales que eliminase cualquier duda sobre qué preceptos aplicables a estas aguas tienen, con fundamento en el artículo 149.1.25 de la CE, carácter básico, reduciéndose así el riesgo de que se produzcan intromisiones ilegítimas en las competencias del Estado por parte del legislador autonómico a la hora de regular las aguas minerales.

Ahora bien, aunque las diecisiete comunidades autónomas asumieron desde un primer momento las competencias sobre las aguas minerales a través de sus respectivos estatutos de autonomía, solo cuatro de ellas —Cantabria, Castilla-La Mancha, Extremadura y Galicia— cuentan con normativa propia sobre aguas minerales, incluyendo también, en algún caso, disposiciones relativas a los establecimientos balnearios en los que se emplean estas aguas, aduciendo razones de salud pública y el potencial desarrollo económico y social del aprovechamiento de estos recursos. En cualquier caso, estas normas autonómicas no introducen grandes modificaciones respecto de la normativa estatal, aunque cabe señalar, por un lado, que Castilla-La Mancha y Extremadura establecieron un régimen de concesión para el aprovechamiento de las aguas minerales —lo que supone reconocimiento expreso de su pertenencia al dominio público—, y, por otro lado, que la legislación gallega contiene una detallada regulación de los denominados perímetros de protección.

CUARTA. El principal inconveniente de que la Constitución haya seguido, para las aguas minerales, un esquema competencial distinto del de las demás aguas es que el legislador las excluyó de la legislación general en materia de aguas, lo que implicó que no les fueran aplicables ninguna de sus disposiciones: ni el principio de gestión por cuencas hidrográficas ni la cláusula demanializadora de los recursos hídricos, así como tampoco, en un primer momento, las normas básicas para proteger las aguas y los instrumentos de planificación hidrológica.

La práctica totalidad de las aguas minerales proceden de aguas superficiales que se infiltran en el subsuelo, por lo que se encuentran interconectadas con la superficie e integradas en el ciclo hidrológico, de tal manera que constituyen, junto con las demás aguas, un recurso unitario. Sin embargo, el *principio de unidad de gestión*, introducido por la Ley de Aguas de 1985, no resulta aplicable a las aguas minerales debido a su exclusión del ámbito de aplicación de la legislación general en materia de aguas. Así, mientras que las competencias del Estado y de las comunidades autónomas sobre los recursos y aprovechamientos hidráulicos (arts. 149.1.22 y 148.1.10 CE) se reparten atendiendo al criterio de la *cuenca hidrográfica*, avalado por el Tribunal Constitucional en la famosa STC 227/1988, de 29 de noviembre —de tal forma que el Estado gestiona, a través de las confederaciones hidrográficas, las *cuencas intercomunitarias*, y las comunidades autónomas, a través de los organismos de cuenca de ámbito autonómico, las *cuencas intracomunitarias*—, en el caso de las aguas minerales las competencias las ejercen los organismos autonómicos en materia de minas o industria a los que cada comunidad autónoma haya atribuido sus competencias sobre estas aguas.

Esta primera consecuencia relativa a la gestión de las aguas minerales pone de manifiesto el desacierto del constituyente a la hora de regular las competencias sobre estas aguas separadas de las de los demás recursos hídricos, pues ha terminado provocando la ruptura del principio de unidad de gestión, cuya finalidad no es otra que garantizar la máxima eficiencia en la gestión y la adecuada protección del conjunto de los recursos hídricos, de los que también forman parte, a pesar de su condición minera, las aguas minerales.

Por lo que respecta a su titularidad, la exclusión de las aguas minerales de la legislación de aguas ha implicado que no se regule de forma expresa si estas aguas tienen naturaleza pública o privada, toda vez que la LMi no regula esta cuestión, remitiéndose a preceptos hoy derogados del Código Civil y a unas «Leyes Especiales» —refiriéndose a la legislación de aguas— que, desde 1985, no abordan la titularidad de las aguas minerales. La doctrina no ofrece tampoco una solución unánime al respecto, siendo el Tribunal Supremo quien, a través de las SSTS de 9 de junio y de 2 de octubre de 2003, nos permite dar una respuesta a esta cuestión. Así pues, podemos afirmar que la demanialización del dominio hidráulico afecta a la mayoría de las aguas minerales, con la salvedad de aquellas que proceden en su totalidad de aguas profundas, las cuales, al no formar parte del ciclo hidrológico, serán de naturaleza privativa cuando alumbren en terrenos de dominio privado. No obstante, hay que decir que alguna sentencia anterior del Alto Tribunal había reconocido el carácter demanial de estas aguas, sin vincularlo a su pertenencia al ciclo hidrológico. Ahora bien, de ello no puede extraerse, en ningún caso, que la naturaleza pública de las aguas minerales pueda venir dada por el legislador autonómico —véase el caso de Castilla-La Mancha y Extremadura, que, al fijar un régimen de concesión para el aprovechamiento de las aguas minerales, reconocen indirectamente su pertenencia al dominio público—, pues ello supondría una extralimitación de sus competencias y una intromisión ilegítima en las competencias del Estado, a quien corresponde en exclusiva la demanialización de los bienes integrantes del dominio público natural a la que se refiere el artículo 132.2 de la CE.

Tampoco, por su exclusión de la Ley de Aguas de 1985, resultaron de aplicación a las aguas minerales las normas básicas para la protección de las aguas ni los instrumentos de planificación hidrológica en ella previstos. No obstante, años más tarde la llegada de la Directiva Marco de Aguas, que vino a consolidar un nuevo enfoque de la gestión de los recursos hídricos basado en el equilibrio entre las necesidades humanas y el buen estado ecológico del agua, tuvo también en el sector específico de las aguas minerales dos importantes repercusiones que favorecieron su protección y sirvieron para paliar, aunque parcialmente, algunas de las problemáticas de su régimen jurídico.

En primer lugar, con la trasposición de la Directiva Marco de Aguas al ordenamiento español mediante la Ley 62/2003, de 30 de diciembre, se logró matizar la exclusión total de las aguas minerales del ámbito de aplicación de la legislación de aguas, al modificarse la versión refundida de la Ley de Aguas para que, sin perjuicio de la remisión a su legislación específica, les resultasen de aplicación las «normas básicas de protección de las aguas continentales», reguladas en el artículo 92 y siguientes del TRLA. Así pues, a partir de entonces, dichas normas pasarían a formar parte de la legislación básica de las aguas minerales, condicionando, en cierto modo, el ejercicio de las competencias de las comunidades autónomas sobre estas aguas.

En segundo lugar, mediante la reforma de 2003, se introdujo un nuevo artículo 99 bis, que contempló la necesidad de contar con un Registro de Zonas Protegidas —figura regulada en el artículo 6 de la Directiva Marco de Aguas— en cada demarcación hidrográfica, y en el cual se deberían incluir, entre otras zonas, los perímetros de protección de las aguas minerales. Además, años más tarde, en 2007, el nuevo Reglamento de la Planificación Hidrológica recogerá la necesidad de que los planes hidrológicos incorporen un resumen de los citados registros, permitiendo a la Administración hidráulica conocer, a través de estos instrumentos de planificación, los perímetros de protección de aguas minerales existentes en sus respectivos ámbitos territoriales de actuación.

Así, mediante la Directiva Marco de Aguas y los cambios normativos producidos en los años 2003 y 2007 se logró dar una solución parcial a los problemas que trajo consigo la exclusión de las aguas minerales de la legislación general en materia de aguas. Sin embargo, lo cierto es que en la actualidad estos recursos siguen al margen del sistema de cuencas hidrográficas que garantiza la plena operatividad de los principios de unidad de gestión y de unidad de ciclo hidrológico, y desprovistos de una regulación expresa de su régimen de titularidad. Todo ello pone de manifiesto lo desacertado de la opción del constituyente de separar las competencias sobre las aguas minerales y termales —auténticos recursos hídricos, por más que la LMi las considere recursos mineros— de las competencias sobre el resto de aguas, y la necesidad de establecer mecanismos de coordinación entre las distintas Administraciones implicadas en la gestión de los recursos hídricos para evitar interferencias entre los recursos colindantes y lograr una protección adecuada de las aguas minerales y del conjunto de los recursos hídricos.

QUINTA. La evolución que, desde inicios del siglo XIX, ha experimentado la normativa aplicable a las aguas minerales ha dado como resultado un marco competencial y normativo peculiar, complejo y que, en ciertas parcelas, se encuentra completamente desfasado. Así, por un lado, la entrada de España en la Unión Europea ha permitido la modernización y actualización de la normativa técnico-sanitaria aplicable a las aguas minerales naturales, y también que se produjeran cambios importantes en la legislación general en materia de aguas que han favorecido a las aguas minerales. Sin embargo, por otro lado, nos encontramos con normas preconstitucionales que presentan una redacción obsoleta y desconocedora de la actual estructura del Estado autonómico y de los avances científicos alcanzados. Es el caso de la LMi y el RMi, que han permanecido prácticamente inalterados desde su aprobación, y el del vigente Estatuto de 1928, única norma técnico-sanitaria de aplicación general en España a las aguas minero-medicinales empleadas en los establecimientos balnearios.

Por lo tanto, en aras de una mayor seguridad jurídica y de la plena operatividad del marco normativo aplicable a las aguas minerales, lo idóneo sería que se acometiera una profunda revisión de este, que pasaría por la aprobación de una ley básica que disipase cualquier duda sobre qué preceptos aplicables a las aguas minerales tienen carácter de básicos y que abordase expresamente todas aquellas cuestiones que el régimen actual ha dejado sin resolver, debiendo ser, en todo caso, coherente con la actual estructura del Estado y con el progreso científico alcanzado. Así pues, en un primer orden de cosas, debería establecerse una clasificación clara de las aguas minerales de la que expresamente se excluyera a las aguas de manantial; y, en segundo lugar, debería resolverse la cuestión en torno a la titularidad de las aguas minerales, en el sentido de que estas, con carácter general, pertenecen al dominio público, con la excepción de aquellas que, como resultado de los estudios técnicos realizados, no pertenezcan al ciclo hidrológico y alumbren en terrenos privados.

El complejo entramado normativo que en la actualidad regula las aguas minerales puede, no obstante, sintetizarse y organizarse en torno a cuatro grandes bloques, de modo que su estudio resulte más sencillo: en primer lugar, la normativa en materia de minas; en segundo lugar, las normas básicas de protección de las aguas que, desde 2003, se aplican también a las aguas minerales; en tercer lugar, las reglamentaciones técnico-sanitarias aplicables a estas aguas cuando se destinan al consumo humano como agua de bebida envasada, por un lado, y en forma de baños en establecimientos balnearios, por otro; y, por último, las disposiciones que, en ejercicio de sus competencias atribuidas en el artículo 148.1.10 de la CE, han dictado, por el momento, las comunidades autónomas de Cantabria, Castilla-La Mancha, Extremadura y Galicia.

SEXTA. Para que unas aguas minerales puedan ser explotadas, el ordenamiento jurídico ha previsto dos procedimientos que deberán tramitarse en todo caso: en primer lugar, el procedimiento para declarar unas aguas como minerales; y, en segundo lugar, el procedimiento para autorizar su aprovechamiento. Ambos procedimientos siguen, con independencia del tipo de aguas minerales de que se trate, el cauce procedimental establecido en la LMi y desarrollado en el RMi, por lo que, ya de inicio, debe criticarse la obsolescencia de la regulación de estos dos procedimientos, que se remiten a órganos manifiestamente incompetentes para su tramitación, en lugar de referirse a los organismos autonómicos con competencia en materia de aguas minerales, cuestión que debería solventarse mediante la revisión del régimen jurídico aplicable a estas aguas. Sin perjuicio de lo anterior, hay que tener en cuenta que, cuando se pretenda declarar unas aguas como minerales naturales e instar su aprovechamiento como tales, serán de aplicación, además, las especificidades que establece el RD 1798/2010 respecto de estos dos procedimientos, a los que esta norma se remite con carácter general y cuya redacción, por el contrario, sí es conforme con el Estado autonómico y el actual sistema de reparto competencial.

La declaración administrativa de unas aguas minerales es el primer paso para poder otorgar su aprovechamiento como tales. Puede ser iniciado tanto de oficio por la consejería o dirección general de la comunidad autónoma, según el caso, competente en materia de industria como a instancia de cualquier persona, física o jurídica, nacional o extranjera, que esté interesada.

Por lo que respecta a su tramitación, debe destacarse la intervención del IGME, que deberá emitir un informe en el que concluirá si las aguas, a la vista de los resultados de las muestras tomadas, cumplen los requisitos para poder ser declaradas minerales, y en el que, además, podrá pronunciarse sobre la pertenencia al ciclo hidrológico y el carácter autonómico o supraautonómico de estas aguas. Ahora bien, dado que este informe carece de carácter vinculante para el organismo autonómico, lo más conveniente, habida cuenta de la gran autoridad técnica del IGME, sería que lo informado por este instituto fuera especialmente tenido en cuenta a la hora de resolverse el expediente. También hay que destacar que, en caso de que se pretenda clasificar unas aguas como minero-medicinales, además, las autoridades sanitarias de la comunidad autónoma deberán emitir un informe vinculante en el que concluirán si dichas aguas son aptas para destinarse al consumo humano.

La declaración de unas aguas minerales conlleva importantes consecuencias, que pueden sintetizarse en las tres siguientes: en primer lugar, implica que la competencia para su gestión se sustrae de la Administración hidráulica a favor de la comunidad autónoma en la que dichas aguas se encuentren; en segundo lugar, deja abierta la posibilidad de que las aguas declaradas como minerales sean aprovechadas en tal condición; y, en tercer lugar, tratándose de aguas minero-medicinales, su declaración lleva aparejada su declaración de utilidad pública, lo que facultará al titular de su aprovechamiento a solicitar la expropiación forzosa de los terrenos necesarios para la explotación de dichas aguas.

Por lo tanto, habida cuenta de las grandes repercusiones derivadas de la declaración de unas aguas como minerales, en el momento de acometer una reforma del régimen jurídico que regula estas aguas, sería conveniente reforzar la necesidad de que se parta de un conocimiento suficiente del acuífero de procedencia, así como la exigencia de un alto grado de protección natural del acuífero frente a la contaminación y de un adecuado diseño, ejecución y control de la captación, empleando a tal fin las mejoras técnicas y materiales disponibles, cuestiones a las que la regulación actual no otorga la debida importancia.

SÉPTIMA. El ordenamiento jurídico ha previsto, para el caso de que se declaren unas aguas como minerales, el derecho preferente de la persona que instó su declaración en tal condición —o del propietario de dichas aguas si estas fueran privadas— para iniciar el procedimiento para su explotación, previéndose igualmente la posibilidad de que se saque a concurso público el aprovechamiento de estas aguas cuando estos derechos preferentes no se ejerciten en el plazo legalmente previsto.

Al igual que en el procedimiento para declarar unas aguas minerales, se contempla la intervención, por un lado, del IGME, en este caso para informar —también mediante informe preceptivo de carácter no vinculante— sobre la extensión del perímetro de protección de las aguas; y, por otro, la de las autoridades sanitarias de la comunidad autónoma, al objeto de emitir un informe vinculante sobre la aptitud de las aguas minero-medicinales para el uso y consumo humanos. Pero, además, durante la tramitación del expediente se prevé la necesidad de que los organismos de cuenca emitan un informe de carácter no vinculante en relación con otros posibles aprovechamientos que pudieran estimarse de mayor conveniencia para el interés nacional, lo que, tratándose de aguas minerales situadas en cuencas intercomunitarias, según ha manifestado algún autor, podría llegar a suponer una intromisión de las confederaciones hidrográficas en las competencias autonómicas en materia de aguas minerales. Por ello, en el marco de la revisión del régimen jurídico de las aguas minerales y, en particular, del procedimiento para autorizar su aprovechamiento, podría introducirse un trámite por el cual el órgano autonómico competente se pronunciase sobre la compatibilidad o la incompatibilidad del aprovechamiento de aguas minerales que se pretende otorgar con otros posibles aprovechamientos hidráulicos, previa audiencia de las partes y de los organismos de cuenca con competencia sobre los recursos hídricos afectados, tal y como se ha previsto en la ley extremeña.

Efectuados todos los trámites legalmente previstos y comprobada la compatibilidad del aprovechamiento de aguas minerales con otros aprovechamientos mineros anteriores, así como el cumplimiento de las obligaciones en materia de rehabilitación de espacios afectados por actividades mineras, el órgano autonómico competente otorgará la explotación de las aguas minerales. Sin embargo, la LMi no aclara en este punto cuál es la naturaleza del título habilitante que pone fin al procedimiento, cuestión que, a pesar de los contornos cada vez más difusos entre la autorización y la concesión administrativa, debería ser expresamente contemplada en la citada norma o, mejor todavía, en una eventual ley básica sobre aguas minerales. Así pues, una vez resuelta la polémica en torno a la titularidad pública y privada de las aguas minerales, debería dejarse claro que la resolución que pone fin al procedimiento revestirá forma de concesión o de autorización en función de si las aguas minerales son de naturaleza pública o privada, respectivamente. Además, sería necesaria la adaptación al marco estatal de las normativas autonómicas sobre aguas minerales de Castilla-La Mancha y Extremadura, las cuales solo han contemplado la figura de la concesión, apartándose del modelo estatal y asumiendo que todas las aguas minerales son públicas, cuando es al Estado a quien corresponde exclusivamente llevar a cabo la demanialización de los bienes integrantes del dominio público natural.

Otorgado el aprovechamiento de las aguas minerales, su titular tendrá derecho exclusivo a utilizarlas y a aprovechar todas las aguas minerales que se encuentren en el perímetro de protección y que provengan del mismo acuífero, así como a proteger el acuífero del que emanan las aguas minerales, pudiendo prohibir cualquier actividad que se realice dentro del perímetro de protección que pueda resultar perjudicial para aquellas. Pero, en contrapartida, los titulares de estos aprovechamientos quedarán sujetos a una serie de obligaciones —entre ellas, la de indemnizar a terceros que puedan verse afectados, y ampliadas en el caso de algunas comunidades autónomas— que deberán cumplir en tanto la autorización o concesión siga vigente, no se renuncie a ella voluntariamente o no se haya declarado su caducidad por el agotamiento del recurso o cualesquiera otras causas legalmente previstas.

OCTAVA. Las aguas minerales no están desconectadas de las diferentes actividades que se desarrollan en la superficie del terreno; algunas de ellas pueden afectarlas de modo importante tanto en su cuantía y régimen de flujo como en su calidad, alterando sus especiales características y poniendo en riesgo la continuidad de los aprovechamientos. El origen subterráneo de las aguas minerales no es garantía suficiente de su adecuada protección y, por ello, los poderes públicos han tratado de combatir su vulnerabilidad mediante un conjunto de medidas tendentes a protegerlas de cualquier riesgo de contaminación y, habida cuenta de que el destino principal de estas aguas es el consumo humano, garantizar la seguridad de las personas.

Los perímetros de protección, desde que surgieron en Francia a mediados del siglo XIX, constituyen la principal medida que ofrece la normativa sobre aguas minerales para proteger los aprovechamientos de estas aguas, resultando ser la normativa gallega la que ha regulado este mecanismo con mayor detalle.

La delimitación de los perímetros de protección tiene lugar durante la tramitación del procedimiento para autorizar la explotación de unas aguas minerales, debiendo constar en la solicitud de incoación del procedimiento, acompañada de su justificación avalada por técnico competente. Ahora bien, la normativa estatal nada dice sobre el método que debe emplearse para su determinación, siendo la Comunidad Autónoma de Galicia la única que ha prescrito el empleo del criterio del tiempo de tránsito.

Por lo tanto, aunque se haya previsto la intervención del IGME mediante informe preceptivo no vinculante —la cual, no cabe duda, sirve como salvaguarda de una fijación adecuada del perímetro de protección—, sería conveniente que el legislador estatal se pronunciase acerca de los métodos que, según el caso, podrán ser utilizados para la fijación del perímetro de protección y que, además, reforzase la exigencia de un perímetro correctamente diseñado, requiriendo expresamente un alto conocimiento de la situación y características del acuífero, tales como la existencia de otras captaciones cercanas, el grado de vulnerabilidad frente a la contaminación, los posibles focos contaminantes o las características y composición de las aguas que discurren por el acuífero.

La fijación de los perímetros de protección confiere al titular de la explotación el derecho a impedir la realización de cualquier trabajo en el interior del perímetro que pueda perjudicar al acuífero o a su normal aprovechamiento, así como a aprovechar todas las aguas minerales que se encuentren dentro de este y que pertenezcan al mismo acuífero. Además, para que los titulares de terrenos situados en el interior del perímetro delimitado puedan llevar a cabo trabajos subterráneos en estos deberán recabar autorización previa, lo que supone una limitación al derecho de propiedad, justificada, no obstante, por razones de utilidad social en atención a la declaración de utilidad pública de los aprovechamientos de aguas minerales. Sin embargo, hubiera sido conveniente que, en aras de una mayor seguridad jurídica, el legislador estatal hubiera concretado los trabajos subterráneos sujetos a autorización, incluyendo también actividades superficiales que, de igual forma, puedan afectar a los aprovechamientos de aguas minerales, tal y como ha hecho la normativa gallega, y previéndose, en todo caso, su valoración por parte de los organismos de cuenca mediante la emisión de un informe previo en el que pudieran manifestar si la autorización de dichas actividades supone una intromisión ilegítima en el ejercicio de sus competencias.

NOVENA. La protección de las aguas minerales, al igual que ocurre con el resto de los recursos naturales, no puede abordarse de forma aislada y únicamente a través de los instrumentos contemplados por su normativa sectorial específica y desde la óptica de una sola Administración territorial. Por el contrario, para garantizar un nivel adecuado de protección de estos recursos deben ponerse en conexión otros mecanismos que contempla el ordenamiento jurídico.

De enorme importancia resultan los instrumentos previstos en las normas básicas para la protección de los recursos hídricos, aplicables también a las aguas minerales. Entre ellos, destacan los registros de zonas protegidas, por cuanto en ellos deben figurar los perímetros de protección de las aguas minerales, posibilitando así que la Administración hidráulica, a través de los planes hidrológicos de cuenca, que incluyen un resumen de los citados registros, pueda conocer y tener en cuenta, a la hora de gestionar el conjunto de los recursos hídricos, los aprovechamientos de aguas minerales existentes en su respectivo ámbito de actuación. Además, gracias a la aplicación a las aguas minerales de las normas básicas de protección de las aguas, estos recursos se verán beneficiados de la prohibición general de realizar vertidos y de la sujeción de cualquier vertido al régimen de autorización previa.

Los instrumentos de ordenación y planeamiento urbanístico también pueden contribuir enormemente a la protección de las aguas minerales, habida cuenta del papel del derecho urbanístico como una de las herramientas más eficaces para proteger los recursos naturales. Ahora bien, aunque se haya dejado abierta la posibilidad de que instrumentos como los planes generales municipales prevean medidas de protección derivadas de aprovechamientos de aguas minerales, se echan en falta una referencia expresa a este respecto y la previsión de mecanismos de coordinación específicos con los diferentes planes territoriales y urbanísticos.

Vemos que la regulación del conjunto de mecanismos de protección de las aguas minerales se ha visto reforzada con el paso del tiempo, pero es necesario que esta tendencia, a través de un mejor conocimiento de los riesgos que amenazan estas aguas, continúe al alza. Y, en cualquier caso, para lograr la eficacia de todos estos instrumentos que el ordenamiento jurídico pone a disposición de las aguas minerales, es imprescindible que la aplicación de las medidas de protección de las aguas minerales se coordine con las demás Administraciones implicadas, especialmente la hídrica, la de ordenación del territorio y la municipal.

DÉCIMA. Los mecanismos de control y vigilancia que las reglamentaciones técnico-sanitarias establecen al objeto de comprobar el cumplimiento de todas las exigencias aplicables a las explotaciones de aguas minerales constituyen una última garantía de la protección de estos recursos.

El RD 1798/2010 contiene una rigurosa regulación a este respecto, contemplando, además de la realización de las inspecciones periódicas que las autoridades de cada comunidad autónoma establezcan, la necesidad de que los propios titulares de estas explotaciones lleven a cabo diferentes autocontroles, tomando muestras de producto terminado para asegurar que las aguas no sufren ningún tipo de contaminación y que cumplen todos los parámetros que les son aplicables.

En el caso de las aguas minerales empleadas en forma de baños en establecimientos balnearios, nos encontramos con el todavía vigente Estatuto de 1928, única norma técnico-sanitaria de aplicación general en España a estas aguas. Al contrario que el RD 1798/2010, el Estatuto de 1928 contiene una regulación completamente obsoleta, tanto a la hora de aludir a las autoridades competentes para inspeccionar estos establecimientos balnearios como desde el punto de vista técnico, por su inevitable desconocimiento del progreso científico alcanzado en la actualidad. Si bien es cierto que la parquedad de esta norma ha sido paliada, en cierto modo, por las comunidades autónomas que han dictado disposiciones sobre aguas minerales —toda vez que estas se aplican, mayoritariamente, a todas las aguas minerales con independencia del uso que se les dé—, ello no exime de la necesidad de actualizar la normativa técnico-sanitaria aplicable a las aguas minerales empleadas en los establecimientos balnearios, sobre todo teniendo en cuenta que, tratándose de aguas destinadas al uso humano, entra en juego el deber de los poderes públicos de velar por la salud pública. Es por ello por lo que una cuestión clave en el marco de la revisión del régimen jurídico de las aguas minerales sería el desarrollo, por parte de la Administración del Estado, de una nueva normativa técnico-sanitaria aplicable a todas las aguas minerales empleadas en establecimientos balnearios que, tanto desde el punto de vista competencial como técnico, esté adaptada a la realidad del momento actual.

Fuentes de consulta

1. Bibliografía

Alonso Timón, Antonio Jesús (2012). *Introducción al Derecho urbanístico*. Tirant lo Blanch, Valencia.

Álvarez Carreño, Santiago M. (2003). *La aplicación en España de la Directiva Europea Marco de Aguas*. ECOIURUS, Las Rozas.

— (2009). «Las aguas minerales y termales en el contexto de la Directiva Marco de Aguas». En: Nogueira López, Alba (coord.). *Titularidad, competencias y fiscalidad de las aguas minerales y termales. Marco comunitario de protección ambiental*. Aranzadi, págs. 111-130.

Arcenegui Fernández, Isidro Eugenio de (1975). «El nuevo derecho de minas». *Revista de administración pública*, núm. 78, págs. 117-221.

Baeza Rodríguez-Caro, Juana y Fernández Sánchez, José Antonio (2000). «Aspectos legales y técnicos en la protección de las aguas minerales». *Panorama actual de las Aguas Minerales y Minero-medicinales*. Instituto Tecnológico Geominero de España.

Barriobero Martínez, Ignacio (2002). «Causas y consecuencias jurídicas de la consideración como recursos mineros de las aguas minerales y termales». *REDUR*, núm. 0, págs. 9-35.

— (2006). *El régimen jurídico de las aguas minerales y termales*. Fundación Instituto Euromediterráneo del Agua.

— (2009). «Régimen jurídico de las aguas minerales y termales. Discusión sobre su demanialidad». En: Nogueira López, Alba (coord.). *Titularidad, competencias y fiscalidad de las aguas minerales y termales. Marco comunitario de protección ambiental*. Aranzadi, págs. 53-83.

Barriobero Martínez, Ignacio (2010). «El régimen jurídico de las aguas minerales y termales». *Diario La Ley*, nº 7336.

Casado Casado, Lucía (2002). *Los vertidos en aguas continentales: régimen jurídico-administrativo*. Tesis doctoral, Universidad Autónoma de Barcelona.

Casas Baamonde, María Emilia y Rodríguez Piñeiro, Miguel (2009). *Comentarios a la Constitución española. XXX Aniversario*. Wolters Kluwer, Madrid.

Delgado Piqueras, Francisco (2009). «Técnicas de protección de las aguas minerales y termales en el Derecho español». En: Nogueira López, Alba (coord.). *Titularidad, competencias y fiscalidad de las aguas minerales y termales. Marco comunitario de protección ambiental*. Aranzadi, págs. 131-141.

Embid Irujo, Antonio (1993). «Las competencias constitucionales y estatutarias sobre las aguas continentales. Planteamiento normativo y realidad jurídica». *Revista Española de Derecho Constitucional*, núm. 37, págs. 37-79.

Fanlo Loras, Antonio (2009). «Las competencias del Estado y el principio de unidad de gestión de cuenca a través de las Confederaciones Hidrográficas». *Revista de Administración Pública*, núm. 183, págs. 309-334.

González Pérez, Jesús (1987). *Comentarios a la Ley de Aguas*. Civitas, Madrid.

López Ferro, Aloia (2021). *La rehabilitación de espacios afectados por actividades mineras. Especial referencia a Galicia*. Universitat Rovira i Virgili (URV), Tarragona.

López Ramón, Fernando (2008). «El debate sobre la titularidad de las aguas minerales y termales». *Revista española de Derecho Administrativo*, núm. 138/2008.

Lozano Cutanda, Blanca (2007). *Derecho ambiental administrativo*. Dykinson, Madrid.

Martín-Retortillo, Sebastián (1997). *Derecho de aguas*. Civitas, Madrid.

Meilán Gil, José Luis (1973). «Sobre la determinación conceptual de la autorización y la concesión (A propósito del régimen jurídico de las Centrales Lecheras)». *Revista de Administración Pública*, núm. 71.

Moral Ituarte, Leandro del (2003). *La directiva marco del agua. Realidades y futuros*. Fundación Nueva Cultura del Agua, con la colaboración de Institución «Fernando el Católico» de la Diputación de Zaragoza, Universidad de Zaragoza, Junta de Andalucía.

Moreno Rebato, Mar (2002). «El aprovechamiento de las aguas minerales y termales: el problema del título habilitante». *Revista de Administración Pública*, núm. 158.

Moreu Carbonell, Elisa (2004). *Minas. Régimen jurídico de las actividades extractivas*. Tirant lo Blanch.

Nogueira López, Alba (2009). «Gestión autonómica de las aguas minerales y termales: un nuevo marco normativo que difumina la dualidad jurídica-competencial». En: Nogueira López, Alba (coord.). *Titularidad, competencias y fiscali-*

dad de las aguas minerales y termales. Marco comunitario de protección ambiental. Aranzadi, págs. 23-51.

Perdigó Solà, Joan (2009). «Distribución competencial en materia de aguas minerales y termales». En: Nogueira López, Alba (coord.). *Titularidad, competencias y fiscalidad de las aguas minerales y termales. Marco comunitario de protección ambiental.* Aranzadi, págs. 85-95.

Pérez de los Cobos Hernández, Elisa (2021). *Litigios competenciales en materia de aguas.* Tirant lo Blanch.

Pérez Pérez, Emilio (1992). «Disposiciones decimonónicas sobre aguas, Ley de 1879». En: Gil Olcina, Antonio y Morales Gil, Antonio. *Hitos históricos de los regadíos españoles.* Ministerio de Agricultura, Pesca y Alimentación (Secretaría General Técnica), Madrid, págs. 183-202.

Pérez Sancho, Jorge (2023). *El conflicto entre el consumo de agua embotellada y la conservación del medio ambiente.* Trabajo de Fin de Máster, Universitat Rovira i Virgili (URV), Tarragona.

Villar Ezcurra, José Luis (1980). *Régimen jurídico de las aguas minero-medicinales.* Montecorvo, pág. 37.

2. Legislación

Unión Europea. Directiva 80/777/CEE del Consejo, de 15 de julio de 1980, relativa a la aproximación de las legislaciones de los Estados Miembros sobre explotación y comercialización de aguas minerales naturales.

Unión Europea. Directiva 80/778/CEE del Consejo, de 15 de julio de 1980, relativa a la calidad de las aguas destinadas al consumo humano.

Unión Europea. Directiva 2000/60/CE del Parlamento Europeo y del Consejo, de 23 de octubre de 2000, por la que se establece un marco comunitario de actuación en el ámbito de la política de aguas.

Unión Europea. Directiva 2006/21/CE del Parlamento Europeo y del Consejo, de 15 de marzo de 2006, sobre la gestión de los residuos de industrias extractivas y por la que se modifica la Directiva 2004/35/CE.

Unión Europa. Decisión 2009/359/CE de la Comisión, de 30 de abril de 2009, por la que se completa la definición de residuos inertes en aplicación del artículo 22, apartado 1, letra f), de la Directiva 2006/21/CE del Parlamento Europeo y del Consejo, de 15 de marzo de 2006, sobre la gestión de los residuos de industrias extractivas.

Unión Europea. Directiva 2009/54/CE del Parlamento Europeo y del Consejo, de 18 de junio de 2009, sobre explotación y comercialización de aguas minerales naturales (versión refundida).

Unión Europea. Reglamento (CE) 1924/2006 del Parlamento Europeo y del Consejo, de 20 de diciembre de 2006, relativo a las declaraciones nutricionales y de propiedades saludables en los alimentos.

Unión Europea. Reglamento (UE) 432/2012 de la Comisión, de 16 de mayo de 2012, por el que se establece una lista de declaraciones autorizadas de propiedades saludables de los alimentos distintas de las relativas a la reducción del riesgo de enfermedad y al desarrollo y la salud de los niños.

España. Ley 22/1973, de 21 de julio, de Minas.

España. Ley 29/1985, de 2 de agosto, de Aguas.

España. Real Decreto Legislativo 1/2001, de 20 de julio, por el que se aprueba el texto refundido de la Ley de Aguas.

España. Ley 26/2007, de 23 de octubre, de Responsabilidad Medioambiental.

España. Ley 39/2015, de 1 de octubre, del Procedimiento Administrativo Común de las Administraciones Públicas.

España. Real Decreto 2857/1978, de 25 de agosto, por el que se aprueba el Reglamento General para el Régimen de la Minería.

España. Real Decreto 849/1986, de 11 de abril, por el que se aprueba el Reglamento del Dominio Público Hidráulico.

España. Real Decreto 1164/1991, de 22 de julio, por el que se aprueba la Reglamentación Técnico-Sanitaria para la elaboración, circulación y comercio de las aguas de bebida envasadas.

España. Real Decreto 1074/2002, de 18 de octubre, por el que se regula el proceso de elaboración, circulación y comercio de las aguas de bebida envasadas.

España. Real Decreto 907/2007, de 6 de julio, por el que se aprueba el Reglamento de la Planificación Hidrológica.

España. Real Decreto 975/2009, de 12 de junio, sobre gestión de los residuos de las industrias extractivas y de protección y rehabilitación del espacio afectado por actividades mineras.

España. Real Decreto 1798/2010, de 30 de diciembre, por el que se regula la explotación y comercialización de aguas minerales naturales y aguas de manantial envasadas para consumo humano.

Cantabria. Ley 2/1988, de 26 de octubre, de fomento, ordenación y aprovechamiento de los balnearios y de las aguas mineromedicinales y/o termales de Cantabria.

Cantabria. Decreto 28/1990, de 30 de mayo, por el que se aprueba el Reglamento de Fomento, Ordenación y Aprovechamiento de los Balnearios y de las Aguas Minero-Medicinales y/o Termales.

Castilla-La Mancha. Ley 8/1990, de 28 de diciembre, de Aguas Minerales y Termales de Castilla-La Mancha.

Castilla-La Mancha. Decreto 4/1995, de 31 de enero, por el que se aprueba el Reglamento para la ejecución de la Ley 8/1990, de 28 de diciembre, reguladora del aprovechamiento, ordenación y fomento de las aguas minerales y termales de Castilla-La Mancha.

Extremadura. Ley 6/1994, de 24 de noviembre, de Balnearios y de Aguas Minero-Medicinales y/o Termales.

Galicia. Ley 5/1995, de 7 de junio, de regulación de las aguas minerales, termales, de manantial y de los establecimientos balnearios de la Comunidad Autónoma de Galicia.

Galicia. Decreto 402/1996, de 31 de octubre, por el que se aprueba el Reglamento de aprovechamiento de aguas minero-medicinales, termales y de los establecimientos balnearios de la Comunidad Autónoma de Galicia.

3. Jurisprudencia

STC 32/1981, de 28 de julio (Pleno, recurso de constitucionalidad promovido por el Presidente del Gobierno contra la Ley de Cataluña núm. 6/1980, ponentes: Francisco Rubio Llorente, Rafael Gómez-Ferrer Morant y Ángel Escudero del Corral).

STC 25/1983, de 7 de abril (Pleno, conflictos de competencia núm. 223 y 228/1981, ponente: Luis Díez-Picazo).

STC 32/1983, de 28 de abril (Pleno, conflictos de competencia núm. 94 y 95/1982, ponente: Francisco Tomás y Valiente).

STC 76/1983, de 5 de agosto (Pleno, recursos núm. 311, 313, 314, 315 y 316/1982, ponente: Gloria Begué Cantón).

STC 113/1983, de 6 de diciembre (Pleno, conflicto de competencia núm. 295/1982, ponente: Francisco Pera Verdaguer).

STC 77/1984, de 3 de julio (Pleno, conflicto de competencia núm. 250/1982, ponente: Ángel Latorre Segura).

STC 77/1985, de 27 de junio (Pleno, recurso núm. 180/1984, ponente: Manuel Díez de Velasco Vallejo).

STC 227/1988, de 29 de noviembre (Pleno, recursos núm. 824, 944, 977, 987 y 988/1985, ponente: Jesús Leguina Villa).

STC 103/1989, de 8 de junio (Pleno, recursos núm. 682 y 683/1984, ponente: Álvaro Rodríguez Bereijo).

STC 149/1991, de 4 de julio (Pleno, recursos núm. 1689, 1708, 1711, 1715, 1717, 1723, 1728, 1729, 1749/88, ponente: Francisco Rubio Llorente).

STC 13/1992, de 6 de febrero (Pleno, recursos núm. 542/1988 y 573/1989, ponente: Álvaro Rodríguez Bereijo).

STC 36/1994, de 10 de febrero (Pleno, recurso núm. 1169/1987, ponente: Carles Viver Pi-Sunyer).

STC 15/1998, de 22 de enero (Pleno, recurso núm. 2559/1992, ponente: Álvaro Rodríguez Bereijo).

STC 15/1998, de 22 de enero (Pleno, recurso núm. 2559/1992, ponente: Álvaro Rodríguez Bereijo).

STC 110/1998, de 21 de mayo (Pleno, recurso núm. 749/1993, ponente: Manuel Jiménez de Parga y Cabrera).

STC 166/2000, de 15 de junio (Pleno, recurso núm. 1997/1993, ponente: Manuel Jiménez de Parga y Cabrera).

STC 45/2015, de 5 de marzo (Pleno, recurso núm. 7869/2009, ponente: Andrés Ollero Tassara).

STS, de 14 de enero de 1994 (Sala Tercera de lo Contencioso-Administrativo, Sección 3.ª, ponente: José María Morenilla Rodríguez).

STS, de 9 de junio de 2003 (Sala Tercera de lo Contencioso-Administrativo, Sección 5.ª, recurso núm. 3405/1997, ponente: Jesús Ernesto Peces Morate).

STS, de 2 de octubre de 2003 (Sala Tercera de lo Contencioso-Administrativo, Sección 5.ª, recurso núm. 3460/1997, ponente: Jesús Ernesto Peces Morate).

STSJ de Cataluña 10728/1998, de 26 de noviembre (Sala de lo Contencioso-Administrativo, recurso núm. 211/1995, ponente: Eduardo Barrachina Juan).

4. Webgrafía

ANEABE: <https://aneabe.com/agua-mineral/> [última consulta: 13 de agosto de 2024]

ANEABE: <https://aneabe.com/actualidad/las-aguas-minerales-la-bebida-mas-consumida-dentro-del-hogar-en-2020/> [última consulta: 13 de agosto de 2024]

ANEABE: <https://aneabe.com/wp-content/uploads/2023/11/Memoria-Sostenibilidad-Aneabe-2022.pdf> [última consulta: 13 de agosto de 2024]

Auga de Galicia: <https://www.augadegalicia.com/es/acerca-de-las-aguas-minerales> [última consulta: 13 de agosto de 2024]

IGME: <https://aguasmineralesytermales.igme.es/datos-estadisticos> [última consulta: 13 de agosto de 2024]

IGME: <https://www.igme.es/QuienesSomos/elIGME.htm> [última consulta: 23 de julio de 2024]

MINERÍA SOSTIBLE DE GALICIA: <https://minariasostible.gal/es/el-agua-brota-de-las-rocas-de-galicia/> [última consulta: 23 de julio de 2024]

OCU: <https://www.ocu.org/organizacion/prensa/notas-de-prensa/2024/aguamineral220524> [última consulta: 13 de agosto de 2024]